JN418068

판타스틱 어른백서

판타스틱 어른백서—상식 편

이현희 지음 | 이동욱 만화

초판 1쇄 인쇄 | 2010년 4월 13일
초판 1쇄 발행 | 2010년 4월 15일

발행처 | 도서출판 작은씨앗
공급처 | 도서출판 보보스
발행인 | 김경용

등록번호 | 제 300-2004-187호 등록일자 | 2003년 6월 24일

서울시 서초구 서초동 1355-17 서초대우디오빌 1008호
전화 02 333 3773 팩스 02 735 3779
이메일 | ky5275@hanmail.net

ISBN 978-89-6423-108-1 14810
ISBN 978-89-6423-105-0 14810(세트)

잘못된 책은 구입하신 서점에서 바꾸어 드립니다.

* 일러두기 : 이 책에 수록된 문제는 2009년 기준으로 출제된 것으로 시의성을 띤 몇몇 문제는 수정, 보완이 요구될 수 있습니다.

판타스틱 어른백서

상식 편

이현희 지음 | 이동욱 만화

저자의 글

오늘보다 버라이어티하고 스펙터클한 내일을 위하여

지난 이맘때, 그러니까 작년 겨울, 북까페에 꽁꽁 갇혀 지냈습니다. 상식도 없는 여자인 내가 상식 전문가가 될 수 있을까? 의문이 계속되는 가운데, 이미 작업은 시작됐습니다. 그리고 몇 달 후, 〈판타스틱 어른백서〉 프로젝트 Start! 프로젝트를 완성하기까지 지난 세 달 동안 제가 얻은 결과는 이러했습니다.

"상식은 오늘 나의 하루야!"

아침에 일어나서 내가 먹은 견과류 두유, 점심에 먹는 봉골레스파게티, 커피 전문점 메뉴판, 이 모든 것들이 상식의 하나하나가 되었습니다. 내가 직접 느끼고, 내가 부딪혀서 얻은 결론. 그것이 나, 이현희의 상식이었습니다.

누군가가 그랬습니다. 인생은 디테일이라고.

상식도 마찬가지인 것 같습니다. 매일매일의 디테일한 인생이 차곡히 쌓여 나만의 상식이 되고, 스펙이 된다는 것! 그런 의미에서, 오늘 하루도 내일보다 재미있는 하루가 되길 바라며 이 글을 마감하려 합니다. 오늘보다 버라이어티하고 스펙터클한 내일을 위하여.

마지막으로, 이번 프로젝트에 참여할 수 있는 기회를 준 NHN 유영욱 대리님과 잠시 소홀했던 나를 받아준 가족들에게 감사의 인사를 전합니다.

이현희

만화가의 글

어둠의 법서 탄생비화

이 책은 1976년 영국에서 시작되어 구매해본 사람은 친한 친구 또는 동료에게 강제구매를 하지 않으면 인생에 있어 아주 조금씩의 하자가 생길 수도 있다는 전설을 가지고 있는 어둠의 법서입니다.

어렸을 때부터 남들이 대통령을 외칠 때 만화가가 되고야 말 것이라는 꿈을 가지고 사는 사람이었지만 모름지기 꿈이란 건 계획이 뒷받침될 때 허언으로 전락하지 않는 법일 테죠. 새해를 맞을 때마다 계획을 짜지만 하루에도 6번이나 계획을 바꾸는 생활을 했었더군요. 그렇지만 꿈을 이뤘으니 저는 35년간 계획적으로 살아온, 성공한 사람일 테죠.

저의 꿈을 이룰 수 있게 도와주신 배지희 작가님, 성현 작가님, 천사 같은 유영욱 대리님에게 감사의 마음을 전합니다.

프랑스 파리에서 이동욱

STEP
1
2
3

중국에서는 이것을 많이 먹으면 속살이 예뻐지고 또한 이것을 '동해부인'이라고 부르기도 한다. 이것은 무엇일까?

판타스틱 어른백서 001

좋군..
술을 잘 못할것
같으니
이 여자하고
보내면 술을
피할 수 있겠어

하하..제가 술을
전혀 못하는데요.
부장님도 잘
못하시죠?이쁜
후배 좀 오늘
보호해주세요~

하지만 두 분 위한
술자리인데 처먹으라는
술을 안드시면 저희도
곤란하죠.
상식이잖아요.
조직사회지만
전통이란게 있는데
까라는대로 안까면
싸가지되게
없어보여요.
상식이잖아요.
뭐,,뭐야 이 여자!!!
저 얼굴로..
말이 왜 이래!!

게다가 애초가 우리가
치사량만큼 먹이나요?
최근엔 회식으로 인한
병은 산재로 인정되요
상식이잖아요.
푹
오늘
안먹을순있지
만 인간관계가
더 중요한걸
알고
마시는거죠.
상식이잖아요.
푹

오냐!!
참 바른 말만 한다.
너!
내 오늘 원없이
마셔주마!!!
화르르

으응...
머리아퍼...
아침인가..

어제 이부장땜에
너무 먹었나.
하하.그래도 내가
술을 다 먹고.
나름 재밌었어.

하지만 이향단.
넌 결국 또 해냈어...
내가 아는 한 넌
언제나 최고의 여자야!

·······

Quiz

난이도 ★★★

1. 다음 중 사이즈가 가장 큰 침대는 어떤 것일까?

① 킹　② 퀸　③ 더블　④ 수퍼 싱글　⑤ 수퍼 울트라 싱글

난이도 ★★★★★

2. 다음 중 다보탑의 풀네임은?

① 다보여래상주증명탑　② 다보여래상주아미아불탑
③ 다보여래상주사리탑　④ 다보여바보야이런탑
⑤ 다부아미타불관세음보살탑

난이도 ★★★★

3. 호텔 '스위트룸'의 뜻은 무엇일까?

① 연인들을 위한 더블침대가 있는 방
② 고객 요구 시 특별 서비스를 해주는 방
③ 침실 거실 등이 하나로 붙어 있는 방
④ 막 결혼한 사람들만을 위한 방
⑤ 달콤한 설탕이 놓여져 있는 방

이제, 상식 문제
좀 풀어볼까요?

난이도 ★★★

4. 다음 중 윤동주 시인의 시집 이름은 무엇일까?

① 구름과 하늘과 꿈과 시
② 하늘과 바람과 별과 시
③ 바람과 하늘과 꽃과 시
④ 하늘과 땅과 공기와 비
⑤ 별과 달과 해와 시

난이도 ★★★★★

5. 다음 중 실제로 존재하는 교향곡은 어떤 것일까?

① 기쁨 교향곡
② 놀람 교향곡
③ 감동 교향곡
④ 축복 교향곡
⑤ 완소 교향곡

난이도 ★★★★★

6. 동요 고드름에서 "고드름 따다가 발을 엮어서 각시방 (　　)에 달아 놓아요~~"에서 (　　)안에 들어갈 단어는 어떤 것일까?

① 봉창 ② 천장 ③ 영창 ④ 옷장 ⑤ 신발장

Quiz

난이도 ★★★

7. 다음 중 유효 기간이 없는 것은 어떤 것일까?

① 우유 ② 여권 ③ 운전면허증 ④ 꽁치통조림 ⑤ 주민등록증

난이도 ★★★

8. 임금이 세상을 떠남을 뜻하는 단어는 무엇일까?

① 잉어 ② 붕어 ③ 숭어 ④ 망둥어 ⑤ 고등어

난이도 ★★★★★

9. 다음 마크는 무엇을 의미하는 것일까? A⁺ A⁺⁺

난이도 ★★★

10. 뉴욕타임즈에서는 세계 3대 팬케익에 우리나라의 이것도 포함시켰다. 이것은 무엇일까?

① 파전 ② 빈대떡 ③ 녹두전 ④ 동태전 ⑤ 동그랑땡

난이도 ★★★★

11. 다음 중 쓰레기 종량제 봉투의 규격이 아닌 것은 어떤 것인가?

① 50리터 ② 5리터 ③ 25리터 ④ 100리터 ⑤ 1리터

난이도 ★★★★★

12. 중국에서는 이것을 많이 먹으면 속살이 예뻐지고 또한 이것을 '동해부인'이라고 부르기도 한다. 이것은 무엇일까?

① 튀김 ② 죽순 ③ 홍합 ④ 짬뽕 ⑤ 자장면

난이도 ★★★★★

13. 다음 중 유니폼에 혈액형을 표시하는 직업은 어떤 것일까?

① 스튜어디스 ② 카레이서
③ 의사 ④ 우편배달원
⑤ 택배기사

Quiz

난이도 ★★★★

14. 흔히 칠레를 3W라고 부른다. Whether, Woman 그리고 나머지 하나는 무엇일까?

① Woolf ② Water
③ Wood ④ Wonder Woman
⑤ Wine

난이도 ★★★★★

15. 충치예방에 효과가 있고 자일리톨로도 유명한 이 나무는 무엇일까?

① 소나무 ② 잣나무 ③ 전나무 ④ 자작나무 ⑤ 대나무

난이도 ★★★★

16. 지퍼가 처음 사용된 곳은?

① 바지 ② 신발 ③ 가방 ④ 팬티 ⑤ 양말

난이도 ★★★★

17. 지상 몇 층 이상의 공동주택을 아파트라고 할까?

① 5층 ② 4층 ③ 3층 ④ 2층 ⑤ 10층

난이도 ★★★

18. 주사위 1의 반대편 숫자는 무엇일까?

① 6 ② 5 ③ 4 ④ 3 ⑤ 2

난이도 ★★★★★

19. 영업용 택시를 탄 손님이 안전벨트 미착용으로 적발됐다. 벌금 부담자는 누구일까?

① 둘 다 ② 손님 ③ 택시기사 ④ 경찰 ⑤ 지나가던 행인 A

난이도 ★★★★

20. 동화 '아낌없이 주는 나무'는 어떤 나무인가?

① 사과나무
② 오렌지나무
③ 바오밥나무
④ 자작나무
⑤ 우리집 마당 나무

난이도 ★★★★★

21. 다음 중 우리나라에 없는 박물관은 어떤 것인가?

① 고래박물관
② 돼지박물관
③ 누에박물관
④ 공룡박물관
⑤ 테디베어박물관

Quiz

난이도 ★★★★★

22. 만 원짜리 지폐에서 한글로 '만 원'은 몇 번 적혀 있을까?

① 1번 ② 2번 ③ 3번 ④ 5번 ⑤ 10번

난이도 ★★★★

23. '자유여신상'의 정식 명칭은 무엇일까?

① 세계를 비추는 자유
② 법으로 누리는 자유
③ 수평선 너머의 자유
④ 자유를 갈망하는 여인
⑤ 자유 부인

난이도 ★★★★★

24. '과연, 정말로'를 뜻하는 순우리말은 무엇일까?

① 우동
② 자장
③ 짬뽕
④ 짜장

난이도 ★★★★

25. '달라이 라마'의 뜻은 무엇일까?

① 큰 하늘 같은 스승
② 큰 바다 같은 스승
③ 큰 산 같은 스승
④ 큰 스승
⑤ 큰 스님

난이도 ★★★★★

26. 다음 중 허니문베이비를 뜻하는 순우리말은 무엇일까?

① 달머리아이
② 말머리아이
③ 들머리아이
④ 덜머리아이
⑤ 돌머리아이

난이도 ★★★

27. 루소의 '에밀'에는 이런 구절이 있다. "열 살에는 이것, 스무살에는 연인, 서른에는 쾌락에 빠져있는 인간들" 이것은 무엇일까?

① 과자 ② 장난감 ③ 밥 ④ 친구 ⑤ 돈

Quiz

난이도 ★★★

28. 다음 중 거스름돈을 뜻하는 말은 무엇인가?

① 마수리　② 무수리　③ 아수리　④ 우수리　⑤ 수리수리

난이도 ★★★

29. 다음 중 경기 종목이 다른 킥은 어떤 것인가?

① 하이킥　② 코너킥　③ 패널티킥　④ 프리킥　⑤ 인사이드킥

난이도 ★★★★★

30. 여탕에 들어갈 수 있는 남자 아이의 나이는 몇 살일까?

① 7세 미만　② 6세 미만
③ 5세 미만　④ 15세 미만
⑤ 20세 미만

난이도 ★★★

31. 500리터짜리 빈 맥주병 환불 금액은?

① 50원　② 30원　③ 100원　④ 1,000원　⑤ 2,000원

난이도 ★★★★★

32. 순우리말 강추위란 무엇일까?

① 눈과 바람이 없는 심한 추위

② 갑자기 찾아온 심한 추위

③ 눈보라가 몰아치는 추위

④ 바람이 심하게 부는 추위

⑤ 바람과 눈과 비와 번개와 벼락과 우박까지 내려치는 추위

난이도 ★★★

33. 다음 중 중국 출신은 무엇일까?

① 시추 ② 치와와 ③ 푸들 ④ 순이 ⑤ 상근이

난이도 ★★★★

34. 출생신고 할 때 성을 제외하고 신고 가능한 이름의 글자수는 몇 글자 일까?

① 내 맘대로 ② 7글자 ③ 10글자 ④ 50글자 ⑤ 5글자

Quiz

난이도 ★★★

35. 1956년 어버이날이 만들어질 당시의 이름은 무엇일까?

① 아버지날 ② 어머니날
③ 부모님 날 ④ 어미의 날
⑤ 에비의 날

난이도 ★★★★

36. 한국 최초의 헐리우드 배우 '필립 안'은 누구일까?

① 안익태의 아들 ② 안창호의 아들
③ 안상태의 아버지 ④ 안성기의 아들
⑤ 앙드레김의 형

난이도 ★★★★

37. 감독이 유니폼을 입는 스포츠는 무엇일까?

난이도 ★★★★

38. 병이나 그릇의 입구를 뭐라고 할까?

① 용가리　② 쪼가리　③ 대가리　④ 쏘가리　⑤ 아가리

난이도 ★★★★★

39. 2009년 노동부가 고시한 시간당 최저 임금은 얼마일까?

① 5,000원　② 3,880원
③ 3,770원　④ 4,000원
⑤ 150,000원

난이도 ★★★★

40. 갓난아이가 두 팔을 머리 위로 벌리고 자는 잠을 뭐라고 할까?

① 나비잠　② 꽃잠　③ 잠자리잠　④ 대자 잠　⑤ 늦잠

난이도 ★★★★★

41. 현재 통용되는 우리나라 동전을 종류별로 하나씩 더하면 얼마일까?

① 666원　② 665원　③ 660원　④ 600원　⑤ 500원

Quiz

난이도 ★★★★

42. 과일 중 최초로 술로 만들어진 과일이며, 와인의 주 원료이기도 한 이 과일은 무엇일까?

① 포도 ② 사과 ③ 오렌지 ④ 한라봉 ⑤ 감귤

난이도 ★★★★★

43. 유부초밥의 유부는 무엇으로 만들까?

① 어묵 ② 우유 ③ 두부 ④ 밀가루 ⑤ 종이

난이도 ★★★★

44. 영국에 실제로 존재하는 세금 이름은 무엇일까?

① 비만세 ② 흡연세 ③ 고성세 ④ 다이어트세 ⑤ 성형세

난이도 ★★★★★

45. 미국 아카데미상의 또 다른 이름은 무엇일까?

① 그래미상 ② 오스카상
③ 토니상 ④ 골든글러브상
⑤ 밥상

해설

1 매트리스 사이즈(너비×길이) :
킹 사이즈(약 1,600×2,000), 퀸 사이즈(약 1,500×2,000), 더블 사이즈(약 1,350×2,000), 수퍼 싱글 사이즈(약 1,100×2,000), 싱글 사이즈(약 970×2,000). 수퍼 울트라 싱글 따위는 없다.

정답: ①번

2 다보여래상주증명탑(多寶如來常主證明塔) : 다보여래가 석가여래의 설법을 증명하고 있다는 뜻이다. 다보탑과 석가탑은 불국사에 자리잡고 있는 우리나라의 대표적인 석탑이다. 1925년경 일본인들이 탑을 완전히 해체, 보수하였는데, 이에 관한 기록이 전혀 남아 있지 않으며 또한 탑 속에 두었던 사리와 사리장치, 그 밖의 유물들이 이 과정에서 모두 사라져버려 그 행방을 알 수 없게 되었다. 또 돌계단 위에 놓여있던 네 마리의 돌사자 가운데 보존상태가 가장 좋았던 3마리가 일제에게 약탈당해, 이를 되찾기 위한 노력을 오래 전부터 하였으나 아직까지 그 행방을 알 수가 없다. 나라 잃은 설움이 그대로 묻어나는 탑이다.

정답: ①번

3 스위트룸(Suite Room)은 한데 이어져 있는 방이라는 뜻이다. 호텔 등에서 욕실이 딸린 침실, 거실 겸 응접실 따위가 하나로 붙어 있는 특별실을 말한다. 뭔가 달콤한 무엇인가를 할 수 있는 방을 상상했다면… 당신, 좀 음흉한거다.

정답: ③번

누구나 다 아는
상식을 당신만
모르고 있다면?

4 윤동주가 1943년 형무소에서 옥사 한 뒤, 광복 후 그의 유고를 모은 시집이다. 윤동주의 대표작으로는 "하늘을 우러러 한 점 부끄러움이 없기를…"로 유명한 '서시'가 있고, 이 밖에도 '별 헤는 밤' '자화상'등이 있다. 잠깐이나마 유동주 시인의 '서시'를 한번 읊어 보는건 어떨지.

정답: ②번

서시 —윤동주

죽는 날까지
하늘을 우러러 한 점 부끄럼이 없기를
잎새에 이는 바람에도
나는 괴로워 했다.
별을 노래하는 마음으로
모든 죽어가는 것을 사랑해야지
그리고 나한테 주어진 길을
걸어가야겠다.
오늘밤에도 별이 바람에 스치운다.

5 놀람 교향곡은 하이든의 94번 교향곡이다. 놀람 교향곡이 궁금하다면 네이버에서 찾아 들어보시길… 그리고 간략하게 하이든 정보를 말하면, 하이든은 교향곡의 아버지라 불리우며 100곡 이상의 교향곡

을 만들었으며 대표작으로는 교향곡 '45번 고별' '94번 놀람' '96번 기적' 등이 있다. 특히 헨델의 '메시아'의 영향을 받아 작곡한 '천지창조'는 대표적인 명곡으로 꼽히고 있으니 어디가서 하이든에 대해 아는척 하고 싶다면 '아~ 하이든 하면 천지창조지요~' 이 한마디면 오케이다!

정답: ②번

6 고드름 따다가 발을 엮어서 각시방 영창에 달아 놓아요~ 이게 가사다! '영창＝유리를 끼운 창'을 의미한다. 잘못하면 갇히는 그 영창 아니다. 참고로, '봉창'은 채광과 통풍을 위해 벽을 작은 구멍을 내고 안쪽으로 종이를 발라서 봉한 창이다.

정답: ③번

7 여권(단수)는 1년, 여권(복수)는 10년, 운전면허증 1종은 7년, 운전면허증 2종은 9년. 당연히 꽁치통조림과 우유는 별도 표시 되어 있다. 의심되시면 냉장고 열고 확인해 보길 바란다.

정답: ⑤번

8 임금이 세상을 떠나는 것은 한자어로 붕어(崩御)라고 한다. 잉어, 숭어, 망둥어, 고등어는 그냥 생선이다. 의미를 부여하려고 하지 말자. 참고로 임금님이 앉는 자리는 어좌(御座) 옥좌(玉座)라고 하며, 임금의 신은 어혜(御鞋), 임금의 갑옷과 투구는 어갑주(御甲冑), 임금의 병은 어환(御患)이라고 한다. '용(龍)'이나 '천(天)'이나 '성(聖)'도 어(御)'라

는 형태소와 비슷한 구실을 하므로, 임금의 얼굴은 옥안(玉顔), 용안(龍顔), 천안(天顔), 성안(聖顔)이기도 하다.

정답: ②번

9 소고기의 등급을 의미한다.

육량	육질
A	A^{++} A^{+} A1 A2 A3
B	B^{++} B^{+} B1 B2 B3
C	C^{++} C^{+} C1 C2 C3
D	D^{++} D^{+} D1 D2 D3

참고로 육량은 등지방두께와, 배최장근단면, 도체중량을 측정해서 A, B, C, D로 나누는 것이며 육질은 지방도, 육색, 지방색, 조직감, 성숙도에 따라 나뉘어 진다. 그림을 참고하시라. 즉, 고기의 질적인 양도 우수하고 색깔이나 지방도가 우수하면 최상급은 A^{++}등급이 되는 것,

정답: ①번

10 뉴욕타임즈에서는 2007년 3월 28일에 아침에 간단히 먹는 팬케이크 수준을 넘어 정식용으로 먹을 수 있는 세계의 팬케이크 종류로 한국의 파전과 이탈리아의 야채 팬케이크, 북유럽의 시금치 팬케이

크 등 3개를 초보자가 시도할 만한 훌륭한 요리로 다루면서 조리법과 만드는 방법을 동영상으로 소개하였다. 뉴욕 타임즈는 파전은 반죽이 단단한 편이어서 썬 야채와 해산물, 고기, 김치 등 요리하는 사람이 넣고 싶은 재료를 다 넣어서 만들 수 있으며, 만드는 것도 재미있고 쉽다고 설명했다.

정답: ①번

11 쓰레기봉투는 2009년 기준으로 현재 1, 2, 3, 5, 10, 20, 30, 50, 75, 100리터의 종류가 있다. 25리터짜리는 없다. 헷갈리지 말자.

정답: ③번

12 홍합은 맛이 달면서 속을 따뜻하게 다스리며 피부를 매끄럽고 윤기있게 만들어 준다고 하여, 중국에서는 오래전부터 홍합을 동해부인(東海夫人)이라 부른다.

정답: ③번

13 카레이서와 공군조종사는 위험 순간을 대비하여 유니폼에 혈액형을 표시한다.

정답: ②번

14 설마 Woolf나 Wonder Woman을 생각하지 않았기를 바란다. 칠레의 자랑거리로는, 날씨와 여자, 그리고 와인을 꼽는다. 칠레로 여행간다면 유심히 관찰해 보길 바란다.

정답: ⑤번

15 자일리톨의 생산나무로 유명한 핀란드 자작나무는 잘게 쪼개고 가열하여, 자일리톨 성분을 뽑아낸다. 참고로, 한국에서도 2000년 이후 자일리톨 성분이 들어간 츄잉껌이 유행하였는데, 연구 결과 양치질을 한 뒤 자일리톨 껌을 씹으면 충치 예방에 효과가 있는 것으로 밝혀졌다. 자일리톨 껌 외에 자일리톨 성분이 들어 있는 음료도 생산되고 있다. 핀란드 · 노르웨이 · 스웨덴 등 유럽 일부에서는 공식적인 인증제도도 시행하고 있다.

정답: ④번

16 지퍼는 1893년 미국의 직공 저드슨이 군화의 끈을 매는 불편함을 덜기 위해서 발명한 것이다. 간단한 일화를 소개하자면, 저드슨은 게으르고 몸이 뚱뚱해서 매일 아침 신발끈을 묶는 일이 불편하고 힘들었다. 그래서 이 불편을 해소하고자 신발에 지퍼를 달고 신었던 것이다. 이렇듯 발명은 소소한 것에서 시작된다는 점을 잊지말자.

정답: ②번

해설

17 주택법에 의하여 지상 5층 이상이면 아파트로 분리 된다. 4층짜리 건물 옥상에 옥탑방을 100층으로 쌓아 올려도 아파트로는 인정되지 않는다.

정답: ①번

18 주사위는 마주보는 면의 합이 7이 되게 만들어졌다. 의심되면 서랍 뒤져 확인해 보시기 바란다.

정답: ①번

19 도로교통법 50조, 특정운전자의 준수사항에는 운전기사는 동승자가 안전벨트를 매게 해야 할 책임이 있다고 되어 있다. 택시기사가 자신을 불편하게 하면 살며시 안전벨트를 풀도록 하자. 이 밖에도 택시 운행 중 택시 기사의 흡연, 승차거부는 택시 기사에게 벌칙금이 부가되며 핸드폰 사용 등 안전운전에 방해되는 행위들은 벌칙금이 가해진다.

정답: ③번

20 동화 '아낌없이 주는 나무'는 사과나무가 한 인간에게 베푸는 희생의 정신을 단계적으로 표현하고 있다. 오렌지나무는 '나의 라임 오렌지나무'에 나오는 나무다. 우리집 마당 나무는 일반적으로 나오지 않는다.

정답: ①번

21 고래박물관은 울산에, 누에박물관은 화성에, 공룡박물관은 고성, 순천, 해남 등에 테디베어박물관은 제주도에 있다.

정답: ②번

22 딸랑 한 번 적혀 있다. 의심되면 지갑을 열어 보길 바란다.(지갑에 천원 짜리만 있으면 낭패)

정답: ①번

23 정식 명칭은 'liberty enlightening the world' 세계를 비추는 자유이다.

정답: ①번

24 짜장 : 과연, 정말로를 뜻하는 부사. 과연, 정말로 이게 답인지 의심이 가는 분들은 표준국어대사전을 검색해보기 바란다. 거기에 수록되어 있다.

정답: ④번

25 '달라이'는 몽골어로 큰 바다, '라마'는 라마교의 스승이라는 뜻이다. 즉, 큰 바다같은 스승이라는 뜻이다.

정답: ②번

해설

26 말머리아이 : 결혼한 후 바로 임신하여 낳은 아이로 옛날에는 결혼할 때 말을 타고 갔으므로 결혼 초와 관련이 있다는 데서 유래되었다.

정답 : ②번

27 장 자크 루소 '에밀' 中

열 살 때 그는 과자에 지배당하고, 스무살 때는 연인에게
서른 살 때는 쾌락에, 마흔 살 때는 야망에,
쉰 살 때는 탐욕에 지배된다.

지금 당신은 무엇에 지배되고 있는가?

정답 : ①번

28 우수리는 물건 값을 제하고 거슬러 받는 잔돈이다. 즉, 거스름돈이다. 무수리는 고려 조선 시대에 궁중에서 청소 따위의 잔심부름을 담당하던 계집종. 아수리, 마수리는 없는 말이며 수리수리는 눈이 흐려 보이는 것이 흐미하고 어렴풋한 모양을 뜻한다.

정답 : ④번

29 코너킥, 패널티킥, 프리킥, 인사이드킥은 모두 축구 용어이고, 하이킥은 종합 격투기 MMA나 입식 타격기에서 주로 사용되는 용어다. 주로 거침없이 날리는데 사용되는 것이 하이킥이다.

정답: ①번

30 공중위생 관리법 시행규칙 별표4 라 2호 – 그 밖의 준수사항. 목욕실 및 탈의실은 만 5세 이상의 남녀를 함께 입장시켜서는 안된다. 이걸 알았다면 어려서 엄마가 목욕탕 가자고 할 때, 그렇게 떼쓰며 가기 싫다고 울부짖지 않았을 것을…

정답: ③번

31 2003년부터 시작된 공병보증금 반환제도에 따르면 190ml미만의 빈 병은 20원, 190ml~400ml미만은 40원, 400ml~1,000ml미만은 50원, 1,000ml이상은 100원~300원 이하의 보증금을 받게 되어 있다.

정답: ①번

32 순우리말 강추위는, 눈도 오지 않고 바람도 불지 않으면서 몹시 매운 추위를 뜻하는 말이다. 한자 강(強)추위는 눈이 오고 매운 바람이 부는 심한 추위를 뜻하는 말. 순우리말이 어쩌면 더 어렵게 느껴지는 이유는 왜일까? 순우리말 공부합시다!

정답: ①번

해설

33 시추는 중국말로 '사자'라는 뜻. 대륙의 사자를 의미하는 뜻이다. 치와와는 멕시코 출신, 푸들은 프랑스 출신이며, 순이는 출신불명이므로 답이 될 수 없다. 참고로 '1박 2일'프로에 등장하는 상근이는 그레이트 프레니즈 종으로 프랑스 피레네 산맥 출신이다. 상근이의 몸값은 부르는게 값이라는데 잘 키우는 개 하나, 열 연예인 안부럽다.

정답: ①번

34 출생 신고법에 의거, '이름자가 5자(성은 포함되지 아니함)을 초과하는 문자를 기재한 출생 신고는 이를 수리하지 아니한다.' 라고 되어 있다. 그러므로, '김~ 레오나르도디카프리오샤론스톤' 이런거 안된다. 시도하지 말자.

정답: ⑤번

35 1956년부터 해마다 5월 8일은 어머니날로 정해 17회까지 행해진 뒤 1973년 '각종 기념일 등에 관한 규정', 대통령 6615호. 에서부터 어버이날로 개칭되었다. 개칭되기 전, 매년 어머니 날이 될 때마다 아버지는 다소 외로웠을 것이다.

정답: ②번

36 필립 안(1905~1978)은 독립운동가 안창호의 아들로 미국 드라마 80일간의 세계일주, 쿵푸 등에 출연하여 헐리우드 명예의 거리에 이름이 보존이 되어 있다.

정답: ②번

37 야구 경기에서는 감독도 선수와 똑같은 유니폼을 입어야 한다. 이유는 그라운드에 들어가서 선수도 교체하고 심판에게 항의할 수 있기 때문이다. 축구는 선수만 유니폼을 입을 수 있고 농구 감독은 양복 또는 한복을 착용해야 하고 배구 감독 역시 정장을 입는다.

정답: ③번

38 아가리는 병이나 그릇의 입구를 뜻하는 표준어
쪼가리는 작은 조각이나 아주 하찮음을 뜻하는 말
대가리는 동물의 머리, 또는 사람의 머리를 속되게 이르는 말
쏘가리는 주로 하천에 사는 물고기
용가리는 심형래 감독이 만든 모험 액션 판타지 영화

정답: ⑤번

해설

39 1986년 12월 31일 최저임금제도가 법으로 제정, 공포되었고 이후 1988년 1월 1일 처음으로 도입되었다. 1989년에는 600원으로 시작, 2007년에는 3480원, 2008년에는 3770원이었다.

정답: ④번

40 '나비잠'은 갓난 아이가 두팔을 머리위로 벌리고 자는 잠을 뜻하는 순 우리말이다. '꽃잠'은 결혼한 신랑 신부가 처음으로 함께 자는(음흉한 생각 하지 마시길) 잠을 뜻하는 우리말이다. 나머지는 당신이 상상하는 그대로이다.

정답: ①번

41 법적으로 사용 가능한 우리나라 동전은 500원+100원+50원+10원+5원+1원 모두 합하면 666원이다.

정답: ①번

42 와인은 포도주의 영어식 표현이다. 포도는 현재 세계에서 6천만 톤에 육박하는 어마어마한 양이 생산되는데, 세계에서 재배되는 과일 중 1/3을 차지할 정도로 많다고 한다. 참고로 알아두도록 하자.

정답: ①번

43 당신, 혹시 어묵을 답으로 고르진 않았겠지?(은근히 이렇게 알고 계신 분들이 많던데) 유부는 두부를 튀긴 음식이다. 두부를 얇게 썰어 물을 뺀 다음 튀기는 것인데, 튀길 때 본체가 부풀어 올라 지금의 유부 모양이 되는 것이다. 유부를 이용한 대표적인 요리로는 그 유명한 유부초밥과 유부 우동 등이 있다.

정답: ③번

44 영국에는 fat tax라고도 하는 비만세가 실제로 존재한다. 영국은 비만이 국가 경제에 손실을 미친다고 생각해 비만탈피를 국정과제로 삼아, 패스트푸드에 대한 비만세를 부과하고 있다. 뭐랄까 정크푸드나 패스트푸드의 소비를 막기 위해서라고나 할까? 뚱뚱한 것도 억울한테 영국에 가면 햄버거 먹을 때 비만세까지 내야 된다는 사실을 알아두도록 하자!

정답: ①번

45 미국의 최대의 영화상인 아카데미상의 또 다른 이름은 바로 오스카상이다. 아카데미상이 오스카라는 별명을 얻은 건 트로피의 별칭이 오스카이기 때문이란다.(이유 참 단순하지 않은가~) 참고로 골든글러브상은 외국인기자협회가 수여하는 영화상, 그래미상은 음악인들에게 수여하는 상, 토니상은 연극계의 아카데미상 정도로 알고 있으면 된다.

정답: ②번

STEP 1 2 3

상품을 구입한 후 영수증에 부가가치세(V.A.T)가 부가된 경우를 볼 수 있다. 여기서 부가가치세율은 몇 %일까?

판타스틱 어른백서 002

이 부장님은 상식이
풍부해서 모르는게
하나도 없다던데 ..
정말인가요?
예.전 모르는
거 없어요.

그럼 제가 문제
하나 낼까요?
세계 최초의
우표 페니블랙은
몇 년도에
발행되었게요?
후훗. 어제
포탈에서 검색
좀 했지..

음..1800...
...42년?
크하하하!!!
땡!!땡!!!
1840년
이거든요!!!!!
크하하하!!

이부장님도 뭐 다
아는 건
아니네요!!!!
크
하
하
이딴것도 모르시면서
상식의 여왕이라니!!!
소문이 과장된 거
아닙니까!!!!!

아. 그래요?
방
긋
하지만 그거
모른다고 돼지는 건
아니잖아요
방자씨는 그거
알아서 기분
되게 좋으시겠다.

좋아요? 사람이
묻잖아요.
좋아요?
좋냐고요?
방자씨!
사람이 묻는데
대답도 않고 뭐해요.
사람이 왜그렇게
몰상식해요.
....

좋네요
..예..

Quiz

난이도 ★★★

1. 과부 삼년이면 (   )이 서 말이고, 홀아비가 삼년이면 이가 서 말이다. (   )은 무엇일까?

① 욕 ② 살 ③ 머리카락 ④ 사리 ⑤ 은

난이도 ★★★

2. 목구멍이 (   )이다. (   )은 무엇일까?

① 포청천 ② 포도청 ③ 청계천 ④ 국세청 ⑤ 경찰청

난이도 ★★★★★

3. 다음 중 해고통보 메일을 뭐라고 할까?

① 레드메일 ② 블랙메일
③ 핑크메일 ④ 스팸메일
⑤ 행운의 편지

난이도 ★★★★★

4. 우리나라 최초의 자동판매기는 무엇일까?

① 티슈 ② 콘돔 ③ 커피 ④ 라면 ⑤ 계란 후라이

이제, 상식 문제 좀 풀어볼까요?

난이도 ★★★★

5. 체르니는 누구일까?

① 베토벤의 제자
② 모차르트의 제자
③ 쇼팽의 제자
④ 오비완 커노비의 제자
⑤ 이순재의 제자

난이도 ★★★★★

6. D-DAY는 원래 제2차 세계대전이 한창이던 1944년 이 날이었다. 이 날은 언제였을까?

① 1월 1일
② 7월 7일
③ 8월 8일
④ 12월 25일
⑤ 6월 6일

난이도 ★★★★

7. 중국 음식점에서 나오는 후식으로, 깼을때 운세가 적힌 쪽지가 들어 있는 과자는 무엇일까?

① 포춘쿠키
② 럭키쿠키
③ 찬스 쿠키
④ 크리스마스 쿠키
⑤ 초코칩쿠키

Quiz

난이도 ★★★★

8. 자동차 충돌 사고 테스트에 이용되는 인체 모형 시험기의 이름은 무엇일까?

① 흐미 ② 거미 ③ 어미 ④ 더미 ⑤ 터미

난이도 ★★★

9. 지하철에서 무리한 승객 탑승 시도를 차단하는 사람을 뭐라고 부를까?

① 셔터맨 ② 푸시맨 ③ 커트맨 ④ 수퍼맨 ⑤ 배트맨

난이도 ★★★★

10. 겉보기와 달리 사실은 아주 약한 것을 종이(　　　　)이라고 한다. (　　　　)안에 들어갈 말은 무엇일까?

난이도 ★★★★★

11. 요즘 문제가 되고 있는 유전자를 변형한 옥수수를 (　　　　)옥수수라고 한다. (　　　　)안에 들어갈 말은 무엇일까?

① WHO　② FTA　③ GMO　④ ZZZ　⑤ OTL

난이도 ★★★

12. 화재진압용 오토바이 이름은 무엇일까?

① 비키라　② 꺼지라　③ 치이라　④ 쏴라　⑤ 꺼라

난이도 ★★★

13. 기린이 물을 마시는 모습은 어떨까?

① 곧게 서서 머리만 숙여서
② 무릎을 꿇고
③ 선채로 앞다리를 양옆으로 벌려서
④ 누워서 한 손에 만화책을 들고
⑤ 기린은 물을 먹지 않는다.

Quiz

난이도 ★★★

14. 다음 사자성어의 빈칸에 들어 갈 숫자를 모두 더하면 얼마일까?

(　　)시일반　　군계(　　)학

① 11　② 12　② 10　④ 15　⑤ 101

난이도 ★★★★★

15. 우리나라에 없는 성은 무엇일까?

① 개　② 뇌　③ 징　④ 독고　⑤ 남궁

난이도 ★★★

16. 다음 중 가장 오래된 TV 프로그램은 무엇일까?

① 수사반장　② 전원일기
③ 대추나무 사랑 걸렸네　④ 거침없이 하이킥
⑤ 베토벤 바이러스

난이도 ★★★★★

17. 우리나라에서 헌혈을 할 수 있는 나이는 몇 세 미만인가?

① 55세　② 60세　③ 65세　④ 70세　⑤ 100세

난이도 ★★★★★

18. 자동차 변속기에 있는 알파벳이 아닌 것은 무엇일까?

난이도 ★★

19. 쌀을 씻고 난 뿌연 물은 무엇일까?

① 쌀뜬물 ②쌀뜨물 ③ 쌀뜰물 ④ 쌀뜻물 ⑤ 쌀쌀물

난이도 ★★★★★

20. 삼색 가로등을 정면에서 볼 때 색의 위치는 무엇일까?

① 황 – 적 – 녹 ② 녹 – 황 – 적
③ 적 – 황 – 녹 ④ 황 – 황 – 적
⑤ 적 – 적 – 녹

Quiz

난이도 ★★★★

21. 미간은 무엇과 무엇 사이인가?

① 눈과 눈
② 눈썹과 눈썹
③ 눈과 눈썹
④ 콧구멍과 콧구멍
⑤ 이마와 턱 사이

난이도 ★★★★★

22. 다음 중 우리나라에 실제로 존재하는 것은 무엇일까?

① 십만원역
② 만원역
③ 만오천원역
④ 오만원역
⑤ 천원역

난이도 ★★★★★

23. 유대인이 만든 빵은 무엇일까?

난이도 ★★★

24. 시간이 다른 하나는 무엇일까?

① 신데렐라의 마법이 풀리는 시간
② 일반택시요금 할증 시작 시간
③ 70년대 통금시간
④ 보호자 없는 청소년 찜질방 출입 제한시간
⑤ 남대문 동대문 동요에서 문이 닫히는 시간

난이도 ★★★★★

25. 귀 이(耳)자가 세 개 모이면 어떤 한자일까?

① 소근거릴 섭
② 귀밝을 총
③ 들을 청
④ 잘 들리 오
⑤ 귀 간지어울 간

난이도 ★★★★★

26. 모카커피에서 모카의 어원은 무엇일까?

① 식물이름
② 사람이름
③ 지역이름
④ 브랜드이름
⑤ 자판기이름

Quiz

난이도 ★★★★★

27. 가위 바위 보를 가장 먼저 시작한 나라는 어디일까?

난이도 ★★★

28. 어디선가 (   )한 냄새가 난다에서, 이것은 무엇일까?

① 괴괴 ② 쾌쾌 ③ 퀘퀘 ④ 켁켁 ④ 캭캭

난이도 ★★★

29. 소설 '해저 2만리'에 나오는 선장의 이름은 무엇일까?

① 네모 ② 하록 ③ 후크 ④ 실버 ⑤ 큰배선장

난이도 ★★★★★

30. 자동차 브레이크 경고등에서 볼 수 있는 기호는 무엇일까?

① ㅎ ② ㅂ ③ X ④ ? ⑤ !

난이도 ★★★★

31. 경기시간이 가장 짧은 올림픽 종목은 무엇일까?

① 권투 1라운드
② 농구 1쿼터
③ 핸드볼 전반전
④ 축구 전반전
⑤ 야구 1회전

난이도 ★★★★★

32. 다음은 어떤 기호에 대한 나라별 이름일까?

청어말이, 코끼리코, 고양이 꼬리, 원숭이 꼬리, 골뱅이

① Enter ② & ③ @ ④ Fn ⑤ #

난이도 ★★★

33. '말짱 도루묵'에서 도루묵은 무엇일까?

① 생선의 일종
② 묵의 일종
③ 두부의 일종
④ 도토리의 일종
⑤ 야구 도루의 일종

Quiz

난이도 ★★★★★

34. 신문의 부음난에 '상배'는 누구의 사망을 뜻하는 말일까?

① 이모 ② 장모 ③ 장인 ④ 부인 ⑤ 이모부

난이도 ★★★

35. 조조할인의 조조는 언제일까?

난이도 ★★★★

36. 예전에 있던 드라마나 음악 등을 다시 만드는 것을 무엇이라고 할까?

① 리메이크 ② 리바이벌
③ 리필 ④ 리사이클
⑤ 리멤버

난이도 ★★★

37. 약봉투에 써 있는 '내복약'의 뜻은 무엇일까?

① 먹는 약
② 바르는 약
③ 붙이는 약
④ 쓴약
⑤ 내복을 입고 먹는 약

난이도 ★★★★★

38. 여기에서 공통적으로 들어가는 (　　　)은 무엇일까?

좋은 (　　　) 한마디에 두 달은 살수 있다 —마크 트웨인

(　　　)은 고래도 춤추게 한다 —켄 블랜차드 외

① 문자　② 재산　③ 미모　④ 욕　⑤ 칭찬

난이도 ★★★★★

39. 상품을 구입한 후 영수증에 부가가치세(V.A.T)가 부가된 경우를 볼 수 있다. 여기서 부가가치세율은 몇 %일까?

① 10%　② 20%　③ 30%　④ 50%　⑤ 주인 마음대로

Quiz

난이도 ★★★★

40. 고인의 명복을 비는 상조금 봉투에 쓰는 말은 어떤 말일까?

① 조의 ② 축의 ③ 하의 ④ 상의 ⑤ 주의

난이도 ★★★★

41. 힙합(hip hop)에서 힙(hip)은 엉덩이란 뜻이다. 그럼 합(hop)은 어떤 뜻일까?

① 노래한다.
② 합죽이가 된다.
③ 들썩거리다.
④ 땅에 붙인다.
⑤ 때린다.

난이도 ★★★★

42. 추석을, 한가위라고도 부른다. 그럼 이 외에 추석을 뜻하는 또 다른 말은 무엇일까?

난이도 ★★★★

43. 다음 중 음악 교과서에 노래가 실린 대중가수는 누구일까?

① 장기하 ② 서태지 ③ 빅뱅 ④ 이효리 ⑤ H.O.T

난이도 ★★★★★

44. 조선시대 일본으로 건너가 울릉도와 독도가 우리 땅임을 증명시킨 사람은 누구일까?

① 안용복 ② 안용준 ③ 안소희 ④ 안용순 ⑤ 안어벙

해설

1 과부는 정리정돈을 잘하여 집안이 은 같이 깨끗하고 홀아비는 정리정돈을 못하여 빈대 벼룩 이가 살 정도다 라는 비유적인 말이다.

정답: ⑤번

2 원래 포도청은 조선시대 경찰관서로, '목구멍이 포도청이다'는 먹고 살기 위하여 해서는 안될 일까지 하게 되는 것을 이르는 말이다.

정답: ②번

3 핑크메일(PINK MAIL)은 그동안 맺엇던 관계를 끝낼때 협력사와의 관계를 단절할때, 아는 사람과의 절교를 통보할 때 보내는 메일이다. 블랙메일(BLACK MAIL)은 일반적으로 공갈, 협박하는 편지. 스팸메일은 당신의 메일함에 유일하게 가득 차있는 그 메일이다. 행운의 편지는 100명에게 보내야 하는 바로 그 무시무시한 편지를 의미하며, 레드메일이란 현재까지 알려진 바 없다.

정답: ③번

4 우리나라에 최초의 자동판매기는 놀랍게도 콘돔이였다는 사실. 1975년 대한가족협회가 미국에서 들어온 콘돔 자판기가 우리나라에서 판매된 최초의 자동판매기 물품이였다. 하지만 지금은 커피, 과자, 껌은 물론 계란후라이, 라면에 이어 드라마나 영화도 길거리에서 다운받을 수 있는 문화컨텐츠 자동판매기까지 개발됐다는 놀라운 사실!

정답: ②번

5 빈에서 피아노 교사의 아들로 태어난 체르니는 10세때 베토벤의 제자가 되었다. 오비완 커노비의 제자는 아나킨 스카이워커,(다스 베이더) 이순재의 제자는 알려진 바 없다.

정답: ①번

6 제2차 세계 대전 때 미국군과 영국군이 프랑스 북부를 공격하기 위하여 노르망디에 상륙을 시작한 1944년 6월 6일로 흔히 어떤 계획을 실시할 예정일을 말할 때 D-DAY 를 사용하곤 한다. 지금 당신의 D-DAY는 언제이고 무엇인가?

정답: ⑤번

7 포춘쿠키(FORTUNE COOKIE)는 미국과 유럽의 중국음식점에서 나오는 후식 과자로, 과자를 깨면 그 안에 그날의 운세가 적혀있다.

정답: ①번

8 더미(DUMMY)는 사전적 의미로 인체모형, 마네킹 장식용 인형의 뜻. 연습용 표적 인형이라는 뜻이다.

정답: ④번

해설

9 푸시맨은 지하철에서 전문적으로 승객을 밀어 넣는 인부. 셔터맨은 배우자가 저녁에 퇴근할 때 셔터문을 내려주는 남편을 이르는 말. 수퍼맨과 배트맨은 DC코믹스를 대표하는 슈퍼 히어로 캐릭터다.

정답: ③번

10 종이로 만든 호랑이라는 뜻으로, 겉보기에는 아주 힘이 센 것 처럼 보이지만 사실은 아주 약한것을 이르는 말. 예를 들어 '그 댁의 집안일은 마나님이 다 하시고, 바깥양반은 종이호랑이나 마찬가지더라' 하고 이렇게 쓰인다.

정답: ①번

11 GMO는 유전자변형식품(遺傳子變形食品, Genetically Modified Organism)의 약자로서 GMO식품은 질병에 강하고 소출량이 많이 식량난 해소의 장점이 있으나 생태계 교란의 위험성과 장기간 섭취할 경우에 인체에 무해하다는 점이 아직 검증되지 않아 논란 중이다.

정답: ③번

12 세계 최초 오토바이 동력을 이용한 초기 화재 진압용 오토바이는 비키라이다. 비켜주세요 라는 의미로 만들었다고 하는데 이름 참, 시크하지 않은가!

정답: ①번

13 기린은 물을 마실 때 앞다리를 좌우로 넓게 벌리고 무릎을 약간 구부려 자세를 낮춰 먹는다. 궁금하면 이번 주말 바로 동물원으로 가서 확인하기 바란다. 혹, 무릎을 꿇고 물을 먹거나 누워서 물을 먹는 기린이 있거든 '세상에 이런일이'에 제보하면 된다.

정답: ③번

14 십시일반(十匙一飯) : 밥 열 술이 한 그릇이 된다.
군계일학(群鷄一鶴) : 닭 무리 가운데서 한 마리의 학.
어쨌거나 답은 십+일=11이다. 혹시 덧셈에서 틀리지는 않았으리라 믿는다.

정답: ①번

15 여주 '개', 교동 '뇌'라는 성씨가 존재한다. 독고는 당근 독고영재, 남궁은 남궁원, 남궁옥분 존재한다.

정답: ③번

16 전원일기는 1980년부터 2002년까지 약 23년간 방영, 수사반장은 1971년부터 1989년까지 약 19년간 방영, 대추나무 사랑걸렸네는 1990년부터 2007년까지 약 18년간 방영, 거침없이 하이킥은 2006년 11월부터 2007년 7월까지 약 8개월간 방영, 베토벤 바이러스는 작년에 약 2달간 방영되었다.

정답: ②번

해설

17 현재 우리나라 채혈금지 대상자는 만 65세 이상(2008. 12 현재) 단, 혈소판성분헌혈의 채혈금지 대상자는 만 60세 이상. 이 퀴즈를 풀고 있는 당신이 만 65세 이하의 나이라면 오늘 헌혈 한 번 하는게 어떠신지.

정답: ③번

18 자동변속기에 사용되는 알파벳은 P, R, N, D, L이다. 외에도 숫자 1, 2도 사용된다.

정답: ①번

19 정확한 표현은 쌀뜨물이다. 쌀뜨물은 피부 미백에 좋으며, 냄새를 흡착하는 능력이 매우 뛰어나 냄새 제거에도 좋다. 우엉이나 죽순 등의 아린맛을 가진 채소를 삶을 때 쌀뜨물을 사용하면 쌀뜨물 속에 들어있는 전분 성분이 표면을 둘러싸서 산화되는 것을 방지하며 당분의 유출도 적어지고 아린 맛도 제거된다고 한다.

정답: ②번

20 삼색 가로 신호등은 좌로부터 적색 – 황색 – 녹색 순으로 배열되어 있다. 오늘 퇴근길에 유심히 한번 보길 바란다.

정답: ③번

21 미간(眉間)은 눈썹 미, 사이간을 써서 눈썹과 눈썹 사이를 뜻한다. 눈과 눈 사이가 아니라는걸 다시 한번 확인하길 바란다.

정답: ②번

22 천원역은 전라북도 정읍시에 위치해 있다. 참고로 지하철 3호선 일원역이 있고, 경부선에 이원역이 있다. 경북선 백원역에 이은 네 번째로 비싼 호남선 천원역이 존재한다.

정답: ⑤번

23 베이글은 약 2000년 전부터 유대인들이 만들었던 빵으로 19세기에 유대인들이 미국 동부 지역으로 이주하면서 널리 알려지게 되었다. 바게트는 프랑스 빵이고, 크루와상은 헝가리빵이다. 공공칠빵은 어디서 어떻게 생긴 빵인지 알 수 없다.

정답: ①번

24 보호자없는 청소년 찜질방 출입 제한시간은 밤 10시부터이다. 일반택시요금 할증 시작 시간과 70년대 통금시간, 신데렐라의 마법이 풀리는 시간은 모두 12시. 그리고 동요 '남대문 동대문' 가사 중에는 '남남남대문을 열어라 동동동대문을 열어라 12시가 되면은 문을 닫는다' 라는 가사가 있다.

정답: ④번

해설

25 聶은 소근거릴 섭. 귀밝을 총은 聰. 들을 廳. 잘 들리오, 귀 간지러울 간은 없는 한자이다.

정답: ①번

26 모카는 커피 수출항이였던 예멘의 모카에서 이름이 유래되었다. 이후, 이 지역에서 나는 커피를 모카커피로 칭했고 하나의 커피 종류로 자리를 잡게 되었다

정답: ③번

27 가위 바위 보는 대륙의 놀이다. 중국에서 전해온 손 싸움으로 처음에는 술자리 놀이였으나 후에는 어린이들의 놀이가 되었다. 그렇다면 가끔 할머니 할아버지들이 쓰시는 '짱깬보'라는 말은 무엇일까?(가위 바위 보를 짱깬보라고 하는걸 들은 적이 있을 것이다) 이것은 일본에서 있었던 가위바위보와 비슷한 놀이였는데 일제시대때 이것이 우리나라로 들어오면서 가위 바위 보를 짱깬보라 부르게 되었다.

정답: ③번

28 쾨쾨하다는 상하고 찌들어 비위에 거스릴 정도로 냄새가 고리다는 뜻. 쾌쾌하다는 성격이나 행동이 굳세고 씩씩하여 아주 시원스럽다는 뜻. 캭캭하다는 목구멍에 깊에 걸린 것을 목구멍을 바짝 좁혀 힘있게 내뱉는 소리를 자꾸 내다는 뜻. 퀘퀘하다는 '퀴퀴하다(상하고 찌들어 비위에 거스릴 정도로 냄새가 고리다)'의 잘못된 표기이다. 참고로 켁켁

하다는 사전에 없는 말이다.

정답: ①번

29 하록선장은 우주해적 탭틴 하록에 등장하는 선장이며, 후크선장은 피터팬에 등장하는 선장, 실버선장은 보물섬에 등장하는 선장, 큰배선장은 항구 어디쯤에 가면 만나는 큰 배를 소유하고 있는 부자 선장을 일컫는 말이다.

정답: ①번

30 자동차 브레이크 경고등에는 !, P, Break 기호가 있다.
자동차 브레이크 경고등은 차종에 따라 다르나 무언가 경고등이 들어오면 오일 부족, 또는 브레이크액이나 브레이크 라이닝에 문제가 있을 수 있으니 참고하기 바란다.

정답: ⑤번

31 권투 1라운드는 3분, 농구 1쿼터는 10분, 핸드볼 전반전은 30분, 축구 전반전은 45분, 야구 1회의 시간은 정해져 있지 않다. 자칫하면 한나절 할 수도 있다.

정답: ①번

32 한국에서 골뱅이로 통칭되는 @는 스웨덴에서는 코끼리코, 루마니아에서는 원숭이 꼬리, 체코에서는 청어말이, 핀란드에서는 고양이 꼬리라 불리운다.

정답: ③번

33 도루묵은 농어목과 생선의 일종으로 '말짱 도루묵'이란 말은 헛수고를 속되게 이르는 말이다. 일화로는 선조 임금이 임진왜란 때 피난하던중 먹던 생선 이름에서 온 말이며 도루묵은 '은어'를 가르키는 말로, 원래 묵이라고 부르던 생선을 임금이 피난하면서 맛있게 먹어 그 이름을 은어로 바꾸었으나 피난후 다시 먹어보니 맛이 없어져 다시 묵으로 불러라, 도로 묵으로 불러라 하여 도루묵이 되었다는 일화가 전해 내려오고 있다.

정답: ①번

34 상배(常配)는 아내를 잃다의 뜻인 상처의 높인 말이다. 참고로 장인 장모는 빙부 빙모상이라고 한다.

정답: ④번

35 조조할인(早朝割引)은 아침에 극장에 입장하는 사람들에게 요금을 깎아 주는 제도를 말하는 것이며 극장마다 다르나 보통 500원~1,500원 정도 할인이 가능하다

정답: ④번

36 리메이크(REMAKE)는 예전에 있던 영화 드라마 음악등을 새로 만드는 것을 뜻하는 말이며, 리바이벌(REVIVAL)은 오래된 영화 연극등을 다시 상연하거나 공연하는 것. 리필(REFILL)은 새 보충물, 다시 채운다는 뜻.(패스트 푸드점에서 음료수 리필 많이 해 봤을 것이다) 리사이클(RECYCLE)은 재생용품, 리멤버(REMAMBER)는 추억, 기억을 뜻하는 말이다.

정답: ①번

37 양봉투에 적혀있는 내복약(內服藥)은 말 그대로 먹는 약을 뜻하는 말이다.

정답: ①번

38 이 밖에도 칭찬에 관한 명언으로는…

- 나는 칭찬은 큰소리로 하고 비난은 작은 소리로 한다. —러시아 격언
- 칭찬 받을 만한 사람이 칭찬 받는 것은 더 없이 큰 행복이다. —필립 시드니 경
- 칭찬은 우리에게 가장 훌륭한 식사이다. —스미스 홀런드 여사

정답: ⑤번

해설

39 부가가치세는 국세, 보통세, 간접세에 속하며(국세기본법 제2조) 매출세의 일종으로 발생하는 세금이다. 즉, 나무로 종이를 만들 경우 나무가 증가하는 가치에 대해 세금을 내는 것인데, 콜라를 사먹으면서 콜라에 붙은 부가가치세가 너무 높아 콜라를 사먹지 않겠다는 생각이 들지 않을 정도로 피부에 와닿는 세금은 아니다. 현재 우리나라의 세율은 10%로 정해져 있으며 경제가 어려워지면 일시적으로 부가가치세율을 낮추자는 의견들도 나오곤 한다.

정답: ①번

40 조의(弔意)는 상중, 상조금 봉투에 쓰는 말이다. 이 말속에는 남의 죽음을 슬퍼한다는 뜻을 담고 있다. 이와 똑같이 상조금 봉투에 쓸 수 있는 말은 부의(賻儀)가 있다. 이 역시도 애도의 뜻이 담겨져 있는 말이다. 반면, 축의는 결혼식이나 돌잔치에 쓰는 축하의 말이다.

정답: ①번

41 힙합(hip hop)은 1980년대 미국에서 유행하기 시작한 춤과 음악의 총칭인데… 힙(hip)은 엉덩이+합(hop)은 들썩거리다 라는 뜻이다. 즉, 엉덩이를 흔들다 라는 뜻이 담겨져 있는 심오한 음악이다.

정답: ③번

42 중추절(仲秋節)은 추석, 한가위를 뜻하는 또 다른 말이다. 가을을 초추, 중추, 종추로 나뉘는데 음력 8월이 딱 중간에 들어간다고 해서 중추절이라고 이름 붙였다. 그렇다면 중추절에 먹는 대표적인 음식은 무엇일까? 바로 송편이다.

정답: ①번

43 서태지와 아이들 시절인 1994년에 발표한 노래 3집의 타이틀곡 '발해를 꿈꾸며'는 2000년도에 중·고등학교 음악 교과서에 당당히 실렸다. 이 노래는 분단의 아픔을 담은 가사와 힙합적인 멜로디가 섞인 음악으로, 문화대통령으로 불린 서태지의 위엄을 증명해 주는 대목이기도 하다.(당신, 어른이라면 당연히 서태지를 알고 있겠지?)

정답: ②번

44 안용복은 조선 후기 어부이자, 민간외교가인데 울릉도에 들어온 일본 어선을 발견하고 일본으로 넘어가 이를 문책하고 사과를 받고 돌아온 위인이다. 부산에 가면 안용복 위인의 동상이 있고 울릉읍에는 충혼비가 있다.

정답: ①번

STEP 1 2 3

땅콩 깡통을 개봉 했을 때 큰 땅콩이 위로 올라와 있는 현상을 가리키는 말은 무엇일까?

판타스틱 어른백서 003

제길..글렀다구..
우리 어쩌지?
향단씨?
차에서 기다리는
이부장이 또
막말 할텐데..

두 분 애쓴 건
이해하는데요.
성과가 없으니
어쩌자는건지
모르겠어요.
우리 회사가 땅파서
돈버는 게 아니죠?
두 분 목구녕에
들어가는 밥알 값
정도는 하셔야죠.

머리를 그렇게
안쓰니 원..
밥때 기다리는 개처럼
기다려들 보세요.
가서 한대 맞고
오지나 마쇼~
흥, 아줌마도
가서 한번 된통
당해보쇼~

체결됐네요~
후딱 복귀하죠~
엣? 진짜?

대체 무슨 수를
쓴거지?
설마 진짜
영감
발가락을..

감탄마요. 상대의
약점만 철저히
알고있다면 너무
쉬운 일이니까.
응?

뭐..뭐야..
저거..
봐...봤어?
대체...

첫째도 둘째도
정보가
생명이랍니다!
그 영감도
별 수 없는거죠.
C.I.A
INTELLIGENCE AGENCY
저..저게..
영..영업자료야?

Quiz

난이도 ★★★★

1. 도둑, 공해, 뱀이 없어 3무도라 불리우는 섬은 어디일까?

① 독도 ② 마라도 ③ 울릉도 ④ 제주도 ⑤ 아무도

난이도 ★★★★

2. 다음 사람들과 공통적으로 관련이 있는 나라는 어디일까?

거스 히딩크, 빈센트 반 고흐, 램브란트

① 네덜란드 ② 독일 ③ 프랑스 ④ 일본 ⑤ 한국

난이도 ★★★★

3. 중국집에서 흔히 먹는 '간자장'의 '간'은 어떤 자장을 뜻하는 걸까?

① 면과 소스가 따로 나오는 ② 물기가 없는
③ 양념이 많은 ④ 자장 맛이 살짝 간
⑤ 돼지의 간을 넣어 만든

난이도 ★★★★★

4. 우리나라에 가장 많은 혈액형은 무엇일까?

① O ② B ③ A ④ AB ⑤ 달걀형

이제, 상식 문제
좀 풀어볼까요?

난이도 ★★★★

5. 영화에서 감독을 맡은 것은 흔히 (　　　　)을 잡다 라고 표현한다.
(　　　　)안에 들어갈 알맞은 단어는 무엇일까?

① 메가폰　② 카메라　③ 마이크　④ 쥐　⑤ 날

난이도 ★★★★★

6. 서양요리에서 식사하기 전 입맛을 돋우기 위해 먹는 음식을 이것이라 한다. 이것은?

① 에피타이저　② 디저트
③ 메인디쉬　④ 사이드디쉬
⑤ 풀코스

난이도 ★★★

7. 다음 중 올바른 파이 원주율의 값은 무엇일까?(그냥 눈감고 찍기를 권장한다)

① 3.14159265358979　② 3.142592653592653
③ 3.14659235453545　④ 3.14141414141414
⑤ 3.14444444444444

Quiz

난이도 ★★★★★

8. 신용카드 유효기간이 09년 12월로 되어있다. 그럼 카드를 쓸 수 있는 기간은 언제까지일까?

① 12월 25일
② 11월 30일
③ 12월 1일
④ 결제일까지
⑤ 12월 31일

난이도 ★★★

9. 다음 중 가시가 있는 것은 무엇일까?

① 가시버시
② 가시광선
③ 가시고기
④ 가시나무새
⑤ 가시오가피

난이도 ★★★★

10. 0은 짝수일까? 홀수일까?

① 홀수도 짝수도 아님
② 홀수
③ 짝수
④ 중성
⑤ 홀수이기도 하고 짝수이기도 하다.

난이도 ★★★

11. 규정상 우편으로 보내면 안 되는 것은?

① 호적등본 ② 지폐 ③ 성적표 ④ 신년카드 ⑤ 엽서

난이도 ★★★★★

12. 소설 '주홍글씨'에서 여자주인공의 가슴에 새겨진 글자는?

난이도 ★★★★

13. 고명딸의 뜻은 무엇일까?

① 아들 많은 집의 외딸
② 딸이 많은 집의 막내
③ 이름이 알려진 유명한 딸
④ 부모님이 유명한 집의 딸
⑤ 떡국을 좋아하는 딸

Quiz

난이도 ★★★★

14. 테두리에 톱니 바퀴가 가장 많은 것은 무엇일까?

① 500원 ② 100원 ③ 50원 ④ 10원 ⑤ 1원

난이도 ★★★★★

15. 60kg인 사람이 달에서의 무게는 얼마일까?

① 6kg ② 10kg ③ 60kg ④ 600kg ⑤ 0kg

난이도 ★★★

16. '가까이 두다'라는 뜻의 '곁에 두다'에서 '곁'은 신체의 어느 부위를 말하는 것일까?

① 머리 ② 어깨 ③ 겨드랑이 ④ 엉덩이 ⑤ 발

난이도 ★★★★

17. '통행에 불편을 드려서 죄송합니다' —현장 소장 백(白)에서 백의 뜻은 무엇일까?

① 말씀 드립니다. ② 죄송합니다.
③ 조심하십시오. ④ 백팀입니다.
⑤ 백씨입니다.

난이도 ★★★★

18. 안도현의 시 '너에게 묻는다'에서 '(　　　　)을 함부로 차지마라. 너는 누구에게 한번이라도 뜨거운 사람이었느냐'. (　　　　)안에 들어갈 단어는 무엇일까?

① 연탄재　② 담배꽁초　③ 깡통　④ 시계　⑤ 애인

난이도 ★★★★★

19. 사람은 오른손잡이가 더 많지만 이것은 왼발잡이가 더 많다. 이것은 무엇일까?

난이도 ★★★★★

20. 우리나라 최초의 오리지널 사운드 트랙 앨범은 무엇일까?

① 황금 박쥐　② 마징가 제트
③ 우뢰매　④ 아기 공룡 둘리
⑤ 로봇 태권브이

Quiz

난이도 ★★★★

21. 전라도 사투리로 알고 있는 이 말은 어떤 상황이 못 마땅하다고 느낄 때 내는 감탄사이다. 이 감탄사는 무엇일까?

① 아따　② 워매　③ 참말로　④ ~잉　⑤ 으째

난이도 ★★★★

22. 다음 중 틀린 것은 어떤 것일까?

① 오이는 채소가 아니고 과일이다.
② 토마토는 과일이다.
③ 감자는 뿌리가 아니고 줄기이다.
④ 바나나는 여러해살이 풀이다.
⑤ 양파는 채소가 아니고 백합의 일종이다.

난이도 ★★★★★

23. 형제 관계를 말할 때 일반적으로 나는 '누이'의 누구인가?

난이도 ★★★★★

24. 최근 식품매장에 '쌈추'가 인기를 끌고 있다. 쌈추는 어떤 두 가지 식물을 교잡한 것일까?

① 고추+배추 ② 상추+양배추
③ 배추+상추 ④ 배추+양배추
⑤ 고추+단추

난이도 ★★★★★

25. 의학적으로 얼굴과 머리를 구분하는 기준은 어디일까?

① 눈 ② 눈썹 ③ 가르마 ④ 코 ⑤ 턱

난이도 ★★★★★

26. 장미과에 속하는 여러해살이풀로 식물학적으로는 열매라고 할 수 없지만 현재 많은 사람들이 과일로 알고 먹는 이것은 무엇일까?

① 딸기 ② 토마토 ③ 귤 ④ 수박 ⑤ 메론

난이도 ★★★

27. 흔히 말하는 '골백번'의 골은 몇일까?

① 억 ② 천 ③ 백 ④ 십 ⑤ 만

Quiz

난이도 ★★★★

28. 곤충들이 죽을 때 납작 뒤집히는 이유는 무엇일까?

① 균형이 무너지기 때문　② 숨이 멎을 때 충격 때문
③ 더듬이 때문　④ 헐리우드 액션
⑤ 중력 때문에

난이도 ★★★

29. 에어백은 왜 흰색일까?

① 사실 별다른 이유는 없다.　② 흰색이 가장 안정감 있어서
③ 공기(에어)와 비슷해 보여서　④ 원단 때문에
⑤ 어떤 차 색깔과도 무난히 잘 어울리라고

난이도 ★★★★★

30. 하마의 땀은 무슨 색깔일까?

① 형광색　② 검은색　③ 노랑색　④ 투명색　⑤ 붉은색

난이도 ★★★★★

31. 다음 중 특징이 다른 것은 어느것일까?

① 상어　② 갈치　③ 꽁치　④ 멸치　⑤ 넙치

난이도 ★★★★

32. 아침은 몇 시일까?

① 일출 1시간 전부터 일출 후 2시간 까지

② 일출 전 1시간부터 일출 후 1시간 후까지

③ 일출 시간부터 3시간 후까지

④ 내가 눈뜬 시간

⑤ 엄마가 아침밥 먹으라고 할 때

난이도 ★★★★★

33. 걸레 스님 '중광'의 묘비명은 무엇 일까?

① 괜히 왔다 간다.

② 잘 놀다 갑니다.

③ 인생은 덧 없음이다.

④ 나무아미타불 관세음보살

⑤ 아멘

난이도 ★★★★★

34. 콜롬버스가 달걀을 세운 방법은 무엇일까?

① 탑으로 세웠다.

② 모래밭에 세웠다.

③ 두 개를 기대어 세웠다.

④ 달걀의 끝을 깨서 세웠다.

⑤ 삶아서 세웠다.

Quiz

난이도 ★★★

35. '공사 중, 우회하시오'라는 표지판을 보았다면 어떻게 해야 할까?

① 오른쪽 길로 돌아서 간다.
② 멀리 돌아서 간다.
③ 오던 길로 되돌아 간다.
④ 멈춰 서 있는다.
⑤ 엎드린다.

난이도 ★★★

36. 심야 시간대 청소년의 온라인 게임 이용을 제한하는 제도는 무엇일까?

① 셧다운 ② 타임 아웃 ③ 컴백홈 ④ 돈터치 ⑤ 겟아웃

난이도 ★★★★★

37. 조선시대 포도청에서 죄인을 목졸라 죽이는 일을 맡아 하던 사람은 누구일까?

난이도 ★★★★★

38. 미국에서 성매매 초범을 대상으로 하루 8시간의 교육을 시킨다. 그 이름은 무엇일까?

① JOHN SCHOOL
② TOM SCHOOL
③ BILL SCHOOL
④ DAVID SCHOOL
⑤ BOB SCHOOL

난이도 ★★★★★

39. 카놀라유(油)는 어떤 꽃을 개량하여 원료를 얻었을까?

① 장미꽃
② 해바라기꽃
③ 달맞이 꽃
④ 진달래꽃
⑤ 유채꽃

난이도 ★★★★★

40. 땅콩 깡통을 개봉 했을 때 큰 땅콩이 위로 올라와 있는 현상을 가리키는 말은 무엇일까?

① 브라질땅콩효과
② 멕시코땅콩효과
③ 차이나땅콩효과
④ 땅콩김미현효과
⑤ 오징어땅콩효과

Quiz

난이도 ★★★★★

41. 다음 중 면허가 있는 직업은?

① 주부　② 농부　③ 광부　④ 어부　⑤ 임부

난이도 ★★★★

42. 간장 한 술, 고춧가루 1/2 작은 술. 여기서 '술'은 어떤 도구를 말하는 것일까?

① 숟가락　② 젓가락　③ 컵　④ 바가지　⑤ 술 잔

난이도 ★★★★★

43. 뮤지컬과 영화로 사랑 받고 있는 '맘마미아'는 이탈리아어로 무슨 뜻일까?

난이도 ★★★★★

44. 최근에 학업이나 리더십이 남자보다 강한 여자를 가리켜 무엇이라고 할까?

① 알파걸 ② 베타걸 ③ 감마걸 ④ 나이스걸 ⑤ 핫걸

난이도 ★★★★★

45. 현재 통용되고 있는 1원짜리 동전의 재질은 무엇일까?

① 알루미늄 ② 구리 ③ 은 ④ 금 ⑤ 옥

난이도 ★★★★

46. 술을 마실 때 스트레이트(STRAIT)란 무엇 것을 의미할까?

① 한번에 마시는 ② 아무것도 섞지 않은 채
③ 파도타기 하는 ④ 독하게 마시는
⑤ 러브샷으로 마시는

해설

1 울릉도는 도둑과 공해와 뱀이 없어 3無島라 불리우며 제주도는 여자 바람 돌이 많아 3多島라 불리운다. 마라도는 우리나라 최남단 섬이며 독도는 울릉도 동남쪽에 위치한 가장 아름다운 우리나라 섬이다. 아무도란 섬은 아무도 모른다.

정답: ③번

2 거스 히딩크와 빈센트 반 고흐, 그리고 램브란트 모두 네덜란드 출신이다. 거스히딩크는 2002년 월드컵 4강 신화의 주인공인 축구감독이며 빈센트 반 고흐와 램브란트는 모두 네덜란드 출신의 유명 화가이다. 참고로, 거스 히딩크의 한국인 이름을 기억하는가? 정답은 희동구. 이제와 생각하니 참 앙증맞다.

정답: ①번

3 춘장에 물과 전분을 타 조금 묽게 만들면 자장면. 물과 전분을 넣지 않으면 간자장이라고 한다. '간'은 물기가 없다는 의미의 건(乾)의 중국식 발음. '간자장'이 양념이 푸짐하게 들어간 자장면이라고 생각하고 있었다면 큰 오산이다. 그렇다면 유니자장은 뭘까? 유니자장은 재료들을 잘게 넣어서 만든 자장을 말하는 것이다.

정답: ②번

4 지난 2005년 조사 결과 우리나라와 일본에 가장 많은 혈액형은 A형, 그 다음으로 O형, B형, AB형 순으로 밝혀졌다. 재미있는 결과는 페루는 O형이 가장 많다는 것이다. 이유는 모르겠다.

정답: ③번

5 메가폰(MEGAPHONE)은 소리가 멀리까지 들리도록 입에 대고 말하는 나팔 모양의 도구를 뜻하는데, 관용적인 표현으로 '메가폰을 잡다'라고 하면 영화 감독이 되었다는 것이다.

정답: ①번

6 보통의 서양요리 정찬은 다음과 같은 순서로 진행된다.

1. 에피타이저(appetizer) : 식욕을 돋우기 위한 음식으로, 전체음식.
2. 수프(soup) : 맑은 수프 걸쭉한 수프등의 종류가 있다.
3. 생선요리(fish) : 보통 구운 흰살 생선에 삶은 감자를 곁들인다.
4. 아뜰레(entree) : 생선 요리와 육류요리 사이에 나오는 부드러운 닭고기, 돼지고기, 양고기 등의 음식
5. 육류요리(mail dish) : 주된 요리로 그날 요리의 하이라이트
6. 샐러드(salad) : 신선한 생채소를 차게 하여 드레싱을 끼얹어 먹는다.
7. 디저트(dessert) : 각종 케이트, 파이, 쿠키, 아이스크림, 푸딩등
8. 프루트(fruit) : 싱싱한 계절 과일
9. 음료(drink) : 커피나 차로 정리

정리해 보니 정말 어마어마하지 않은가?

정답: ①번

7 우리가 흔히 3.14라 부르는 파이 원주율은 3.14이후에도 엄청난 숫자들이 생략되어 있다. 무려 150만개이다. 조금만 더 나열해 보자면 3.14159265358979323846959159013759759… 끝이 없다. 그래서 사실 이 문제는 맞춘 사람이 이상한거다.

정답: ①번

8 대부분의 신용카드의 유효기간은 써 있는 해당월의 마지막 날까지 사용이 가능하다. 물론 그 전에 신용카드 회사에서 언제까지 사용이 가능하니 갱신하라는 안내 전화를 한다.

정답: ⑤번

9 가시고기는 큰가시고깃과의 바닷물고기로 등지느러미 앞부분이 톱날처럼 가시를 이루고 있다. 가시광선은 사람의 눈으로 볼 수 있는 파장을 가진 광선을 뜻한다. 가시버시는 '부부'를 낮잡아 이르는 말. 가시나무새는, 가시나무를 찾아다니며 마지막에 가시에 몸을 찌르는 고통을 감수하며 아름다운 소리로 운다는 전설 속의 새다. 가시오가피는, 산형화목 두릅나무과의 낙엽관목으로 인삼보다 좋다는 약용식물로 알려져 있다.

정답: ③번

10 2로 나누어 떨어지는 정수를 짝수라 하는데, 0도 이에 속한다.

정답: ③번

11 우편으로 돈을 보낼때는 우편환으로 바꾸어 보내야 한다. 왜냐하면 분실의 염려 때문이다. 우편으로 돈을 보내지 말고 안전하게 은행을 이용하도록 하자.

정답: ②번

12 소설 '주홍글씨'의 여자주인공 헤스터는 간통한 벌로 공개된 장소에서 A(adultery, 간통이라는 뜻)자를 가슴에 달고 일생을 살라는 형을 선고받는다.

정답: ②번

13 고명딸은 '아들이 많은 집의 외딸'이라는 뜻으로 떡국에 올려진 고명처럼, 아들만 여럿 있는 집에 양념 고명같은 역할을 한다고 해서 붙여진 이름이다. 참 곱게도 지었다는 생각이 들지 않는가?

정답: ①번

해설

14 1원과 10원에는 톱니바퀴가 없고 50원에는 109개, 100원에는 110개, 500원에는 120개의 톱니바퀴가 있다.

정답: ①번

15 달의 중력은 지구의 1/6. 따라서 60kg의 1/6은 10kg이다. 그렇다면 지금 이 문제를 풀고 있는 당신이 달에서의 무게는?

정답: ②번

16 어떤 사물의 가까이 또는 옆이라는 뜻의 '곁'은 본디 형태는 '겯'이었는데, 이는 겨드랑이를 가르키는 옛말이다. 즉, 겨드랑이가 우리 신체 중 가깝고 밀착형인 것처럼 곁에 두다는 아주 가까운 거리에 두는 것을 뜻한다. 지금 당신의 '곁'에 두고 있는 사람은 누구?

정답: ③번

17 백(白)에는 말하다의 뜻이 담겨져 있다. 즉, 주인백, 소장백은 주인이 말씀 드린다. 소장이 말한다. 의 뜻이 담겨져 있는 것이다. 왜 주인과 소장은 모두 백씨 일까? 라고 의심했다면 이제 제대로 알고 다니길 바란다.

정답: ①번

18 안도현의 시 '너에게 묻는다' 中
연탄재 함부로 발로 차지 마라 너는 누구에게 한번이라도 뜨거운 사람이었느냐

정답: ①번

19 주로 왼쪽 다리를 디딤발로 사용하는 닭의 세계에서는 '왼발잡이'가 단연 많다. 삼계탕을 맛있게 먹고 싶다면 근육질이 많아 더 쫄깃한 왼쪽다리를 먼저 맛보시길 바란다! 참고로, 닭날개와 닭다리가 맛있는 것은 운동량이 많은 부분의 육질이 쪼득하기 때문이다.

정답: ④번

20 1976년 '로봇 태권브이'는 영화음악과 대사가 그대로 담긴 우리나라 최초 오리지널 사운드 트랙 앨범이다. 서울 스튜디오에서 음악과 노래를 녹음하고 한양스튜디오에서 대사를 녹음한 이 앨범은 서라벌 레코드에서 시리즈 1집 타이틀로 나왔다.

정답: ⑤번

21 아따는, 어떤 상황이 못 마땅하다고 느낄때 쓰는 감탄사로 표준어이다. 주로 전라도 사투리로 잘 못 알고 있으나 엄연히 우리 표준어이다. 그리고 워매, ~잉, 으째는 표준어가 아닌 전라도 사투리이며 참말로는 사실과 조금도 다름없이 '과연'의 참말과 같은 뜻이다. 참고로 거시기는 하려는 말이 얼른 생각나지 않아 바로 말하기 거북할 때 쓰

는 감탄사이며, 사투리가 아닌 표준어다. 거시기를 사투리로 알고 있었다면 조금 거시기하다.

정답: ①번

22 토마토는 과일이 아니고 채소다. 토마토는 쌍떡잎식물 통화식물목 가지과의 한해살이 풀 이라고 백과사전에 수록 되어있다. 어디 가서 토마토는 과일이라고 우기지 말자!

정답: ②번

23 누이는 같은 부모에서 태어난 사이이거나 일가 친척 가운데 항렬이 같은 사이에서 남자가 여자형제를 이르는 말이며, 흔히 나이가 아래인 여자를 이른다. 그러므로 오빠인 내가 아래인 여동생을 부르는 말이 바로 '누이'인 것이다.

정답: ①번

24 쌈추는 1998년 한국농업전문학교 이관호 교수가 18년 동안 연구를 거쳐 개발한 것이다. 배추와 양배추의 중간 교잡을 통해 탄생했으며, 쌈싸먹기엔 아주 제격인 풍채를 갖추고 있다고 한다.

정답: ④번

25 의학적인 구분은 눈썹 밑으로는 얼굴이고 눈썹 위로는 머리다. 눈썹이 기준이 된다는 것이다. 예를 들자면… 이마는 눈썹 위쪽에 위치하고 있으므로 머리에 속한다고 보면 된다!

정답: ②번

26 딸기는 장미과 딸기 속에 속하는 식물 또는 그 열매를 말한다. 하지만 딸기는 식물학적으로는 열매라고 말할 수 없다. 과일이란 씨를 가지고 있어야 하는데 딸기는 씨가 없을 뿐만 아니라 딸기 꽃이 부풀어 오른 것에 지나지 않기 때문이다. 그리고 딸기는 줄기에서 열린다.

정답: ①번

27 골은 '1만'을 뜻하는 우리나라 고유의 숫자이다. 이외에도 백은 '온', 천은 '즈믄', 만은 '거믄, 골', 억은 '잘'으로 표현한다. 참고로 경상도에서 많다는 표현 앞에 '억수로'가 붙는데 이 억수로도 억!(億)을 말하는 것이다. 정리하자면 골백번이라 함은, 만이 백 번이라는 뜻이므로 엄청나게 큰 숫자를 말하는 것이다.

정답: ⑤번

28 가끔 부엌이나 복도 어디쯤 하늘을 보며 납작 죽어있는 바퀴벌레나 곤충들의 시신을 목격하게 될 것이다. 곤충이 죽을 때 뒤집히는 이유는 몸의 균형이 무너지기 때문이다. 곤충들은 6개 다리가 있

는데, 다리 수만큼 체중을 분산시켜 균형잡힌 이동을 하는 데, 죽을 때 다리의 수축이 일어난다, 이때 6개 다리가 몸의 안쪽으로 향해 오므라들면서 균형을 잃게 되어 하늘을 보고 납작 뒤집어지게 된다. 죽은 척 하려고 뒤집어 있는거라 생각했다면 바퀴벌레를 과소평가하고 있었던 것이다. 얘들 나름 과학적으로 죽곤 한다!

정답: ①번

29 에어백에 쓰이는 원단은 나일론PA66이다. 원단 색상이 기본 흰색이기 때문에 흰색인 것이다. 참고로 에어백은 운전석 보다 조수석의 용량이 더 크다. 그 이유는 조수석에 타는 어린이나 키 작은 어른의 사고를 좀 더 방지하기 위함이다.

정답: ④번

30 하마의 땀은 분비된 후 산화되어 붉은색을 띤다. 즉 나올 땐 투명색이지만 밖으로 나와 공기 중에 산화되면서 붉게 변한다는 것인데 이 붉은색이 짙은 붉은색인지라 피땀을 흘리는 듯 착각할 정도라고 한다. 참고로 하마의 땀은 체온손실 피부건조 등을 방지해주는 역할과 선크림 역할까지 한다고 한다. 하마 피부에 자외선 차단 역할까지 한다는데… 땀이 상당히 쓸모가 많다.

정답: ⑤번

31 생선 이름에 '치'와 '어'는 비늘의 유무로 결정된다. 즉, 어가 붙는 물고기는 비늘이 있고, 치가 붙는 물고기는 비늘이 없는 것이다. 잘 알아두자!

정답: ①번

32 기상용어로 보통 아침은 일출 1시간 전부터 일출 후 2시간 까지를 뜻한다. 그리고 오전은 일출부터 정오까지를 뜻하며 낮은 아침 이후부터 오후 늦게 전까지, 오후는 정오부터 일몰까지, 오후 늦게는 일몰 2시간 전부터 일몰 후 1시간 까지, 밤은 일몰 1시간 이후 자정까지를 뜻한다.

정답: ①번

33 걸레 스님이라 불리우는 '중광'스님은 승려이며 화가로 생전에 예술 혼을 불태우며 스스로를 미치광이 중으로 칭하며 파격적인 삶을 살았다. 이밖에도 명인들의 묘비명으로는 쇼팽의 '어머니, 불쌍한 나의 어머니', 박수근 화백의 '천당이 가까운줄 알았는데 멀어, 멀어…'가 있다.

정답: ①번

해설

34 콜롬버스가 달걀을 세운 방법은, 달걀을 탁자에 내리쳐 끝을 살짝 깬 다음에 긴 방향으로 세웠다. 여기서 주는 교훈은 '발상의 전환'이라는거다.

정답: ④번

35 우회(迂廻), 즉 곧바로 가지 않고 멀리 돌아서 가라는 뜻이다. 오른 쪽으로 돌아서 간다고 생각하고 있었다면… 당신, 좀 부끄러워 해야 한다. 멀리 돌아서 가란 뜻이다. 절대 오른쪽으로 돌아가지 마라.

정답: ②번

36 셧다운(SHUT DOWN)제도는 오후 10시부터 다음날 오전 6시까지 청소년의 게임 이용을 차단시키는 제도로, 많은 논란이 되고 있다. 어른이라면 셧다운 제도에 벌벌 떨지 않아도 되겠지?

정답: ①번

37 조선시대 포도청에서 죄인을 목졸라 죽이는 일을 맡은 사람의 이름은 고도리이며 정어리는 청어과의 바닷물고기, 무도리는 어찌할 방법이나 도리가 없다는 뜻의 무도리하다의 어근이며, 노가리는 명태의 새끼이며, 대가리는 동물의 머리를 뜻하는 말이다. 이외에도 고도리는 고스톱에도 쓰이는 중요 용어이기도 하니 잘 알아두도록 하자.

정답: ③번

38 1995년 미국 샌프란시스코의 시민단체 세이지가 성 관련 범죄자의 재범을 방지하기 위해 도입한 제도로, 대부분의 체포된 남성들이 자신의 본래 이름대신 가명인 JOHN(존)을 사용한 데서 명칭이 유래되었다. 모두 다 JOHN을 썼다 . 진짜 JOHN이 쫌 불쌍하다.

정답: ①번

39 카놀라는 유채꽃의 개량 품종이다. 주로 요리할 때 많이 사용한다는 그 카놀라유인데 식물에서 채취한 기름이라 동물성 보다는 몸에 좋다고는 한다. 쉬운 문제는 아니였으니 그냥 찍어라 이런 문제는…

정답: ⑤번

40 크기와 종류가 다른 땅콩의 캔을 뜯어 보면 항상 크기가 큰 브라질 땅콩이 위로 올라와 있는 데서 붙여진 이름으로 흔들림에 의해 알갱이들이 스스로 분리되는 현상을 일컫는 용어이다. 모래 한 줌을 병에 집어넣고 흔들면 고운 모래는 아래로 내려가고 굵은 모래는 위로 올라오는 것과 동일한 현상이다. 얼핏 생각하면 크고 무거운 게 아래로 내려갈 것 같지만 그렇지 않다는 것을 잘 알아두도록 하자!

정답: ①번

해설

41 어부는 공식적인 면허증을 발급받을 수 있다. 해당되는 시나 구에 가서 면허증을 발급받으면 직접 고기를 잡아 팔 수 있는 자격이 주어진다. 왜 차별하는 건지는 모르겠지만 광부, 농부, 주부, 임부는 따로 면허증이 없다.

정답: ④번

42 술은 밥 따위의 음식물을 숟가락으로 떠서 세는 단위이다. 한 큰 술은 큰 숟가락으로 한번, 1/2 작은 술은 작은 숟가락으로 1/2를 말하는 것이다.

정답: ①번

43 이탈리아어인 맘마미아(MAMMA MIA)는 어머나! 영어의 OH MY GOD와 같은 뜻이다. 장윤정의 '어머나'를 이탈리아어로 부르면 '맘마미아 맘마미아 이러지 마세요~~'가 된다. 그리고 원더걸스 소희는 이렇게 노래를 부를 것이다. '맘마미아!! 다시 한번 말해봐~ 텔미~'

정답: ②번

44 알파걸은 엘리트집단 여성을 지칭하는 새로운 단어이다. 알파(α)는 그리스어의 첫째 자모인데, 이것에 의미가 확장되어 알파걸은 뭔가 잘나가는 여성을 지칭하게 된 것이다. 우리나라에서는 이와 비슷한 의미로 '골드미스'를 사용하고 있다.

정답: ①번

45 1원짜리 동전은 원래 구리합금이었으나, 원재료 값과의 수지가 맞지 않아 알루미늄으로 바뀌게 되었다. 예전에는 구리합금 1원짜리들을 모아서 녹여 팔면 더 많이 받을 수 있었다.

정답: ①번

46 '스트레이트'란 양주에 물이나 어떤 것도 섞지 않고 그대로 마시는 것을 뜻한다. 혹자는 스트레이트를 한번에 바로 마시는 원샷의 의미로 오해하고 있는데 그거 아니다. 이것저것 섞지 않고 그대로 마시는게 스트레이트다! 참고로 얼음으로 차갑고 부드럽게 해서 마시는 건 '언더락'이다.

정답: ②번

STEP
1
2
3

2006년 월드컵 당시 북한에서는 '한국 대 토고' 전에서 뛴 박지성을 보고 '이것'이라고 극찬했다. 이곳 저곳을 부지런히 돌아다니는 사람을 뜻하는 이 말은 무엇일까?

판타스틱 어른백서 004

여기서 젤 싼데라면 저기
B7코너에 마지막 가게에요
아마 국내에서 거기만큼 싼
데는 없을걸요?
▶B7
우와아!!! 역시 부장님!!
정말 감사합니다~!!!
그럼 내일 회사에서 뵈요

우훗, 싸게 옷도
장만하고....
그 싸가지없는
부장 덕 좀 봤는걸?
후훗
자~개봉박두!!
어디 보실까~

꺄아악!!!
너무 이쁘잖어~~
너무 맘에 들어~
저렴한 가격인데
옷감도 좋고~
캬~~ 땡 잡은듯~~

화르륵~

Quiz

난이도 ★★★★★

1. 쥘 베른의 소설 '(   )일간의 세계일주'에서 과연 (   )은 몇일 일까?

① 100일 ② 80일 ③ 365일 ④ 72일 ⑤ 1박 2일

난이도 ★★★★★

2. 2007년 아시아 최초로 '완도군, 청산도, 담양군, 창평면, 신안군, 증도'가 이 마을로 국제인증을 받았다고 한다, 이 마을은 무엇일까?

① 슬로 시티(SLOW) ② 그린 시티(GREEN)
③ 굿 시티(GOOD) ④ 스몰 시티(SMALL)
⑤ 씬 시티(SIN)

난이도 ★★★★

3. 회사에서 하는 에너지 절약 캠페인 '333 따라잡기'에 포함되는 것은 어떤 것일까?

① 점심시간 조명등 끄기 ② 겨울철 내복 입기
③ 종이컵 대신 머그컵 이용하기 ④ 점심 도시락 싸오기
⑤ 커피믹스 하루 1잔만 마시기

이제, 상식 문제
좀 풀어볼까요?

난이도 ★★★

4. 황소개구리가 황소라고 이름 붙은 이유는 황소와 무엇이 비슷해서일까?

① 생김새 ② 몸 색깔 ③ 자세 ④ 크기 ⑤ 울음소리

난이도 ★★★★

5. 손오공 – 베지터, 서태웅 – 강백호, 라이토 – L, 강호동 – 유재석, 원더걸스 – 소녀시대. 이런 것처럼 역량이 비슷비슷한 상황을 뭐라고 표현할까?

① 파죽지세 ② 호각지세
③ 금옥지세 ④ 먹고죽세
⑤ 나가보세

난이도 ★★★★★

6. 로마 교황청에서 음란하고 야만적이라고 하여 금지됐던 바로 이 춤은, '만지다, 가까이 다가서다'는 뜻의 어원을 갖고 있다. 이 춤은 무엇일까?

① 맘보 ② 탱고 ③ 살사 ④ 힙합 ⑤ 팝핀

Quiz

난이도 ★★★★★

7. 제2차 세계대전 당시 미국 포로들이 '검은 종이'라고 부르던 이 식품은 무엇일까?

① 미역 ② 다시마 ③ 김 ④ 검은깨 ⑤ 검정고무신

난이도 ★★★★★

8. 스승 슈만의 아내 클라라를 사랑하여 평생 독신으로 살았던 음악가는 누구일까?

① 브람스 ② 바흐 ③ 멘델스존 ④ G드래곤 ⑤ 서태지

난이도 ★★★★★

9. 2006년 월드컵 당시 북한에서는 '한국 대 토고'전에서 뛴 박지성을 보고 '이것'이라고 극찬했다. 이곳 저곳을 부지런히 돌아다니는 사람을 뜻하는 이 말은 무엇일까?

난이도 ★★★★

10. '살인의 추억, 사랑하기 때문에, 지난날, 조용필'과 관련있는 인물은 누구일까?

① 유재하 ② 김현식 ③ 김광석 ④ 송광호 ⑤ 서태지

난이도 ★★★★★

11. 다음 중 고갱의 작품은 무엇일까?

① 결혼하고 싶어
② 그 남자랑 결혼하니?
③ 좋은 사람 있으면 소개 시켜줘
④ 결혼생활은 재미있니?
⑤ 언제 결혼하니?

난이도 ★★★★

12. 수퍼마켓에서 멜라민이 함유된 식품을 발견했다면 몇 번으로 신고해야 하나?

① 1299 ② 1399 ③ 1199 ④ 119 ⑤ 911

난이도 ★★★★★

13. '등 따시고 배부르다'는 말과 딱 어울리는, 뉴욕타임즈에서 한국인의 독특한 휴식공간이라고 소개된 이것은 무엇일까?

① 안마방 ② 노래방 ③ 전화방 ④ 찜질방 ⑤ 안방

Quiz

난이도 ★★★★

14. '짱깨'의 어원은 무엇일까?

① 돈을 넣어 두는 통을 관리하는 사람
② 중국인의 아침 식사 지엔삥
③ 중국어의 말투
④ 얼굴에 주근깨가 많은 모양
⑤ 자장면을 처음 만든 주방장 이름

난이도 ★★★★

15. 바흐가 작곡한 '(   )칸타타'에는 이런 가사가 있다.
'아, 이 맛은 얼마나 기가 막힌가! 천 번의 키스보다 더 달콤하고 잘 익은 포도주보다도 부드럽다네' (   )안에 들어갈 알맞은 단어는 무엇일까?

① 커피 ② 초코릿 ③ 와인 ④ 맥주 ⑤ 빵

난이도 ★★★★

16. 미식가인 광해군에게 이 음식을 만들어 바쳐 판서 자리에 오른 사람이 이씨다. 이 음식은 무엇일까?

① 잡채 ② 떡갈비 ③ 불고기 ④ 된장국 ⑤ 비빔밥

난이도 ★★★★★

17. 등록헌혈회원증 앞면에 있는 문구는 무엇일까?

① 헌혈은 사랑입니다.

② 당신의 헌혈이 생명을 구합니다.

③ 헌혈은 용기입니다.

④ 헌혈하면 빵과 우유를 줍니다.

⑤ 헌혈하면 키 5cm큽니다.

난이도 ★★★

18. 부산 자갈치 축제의 슬로건은 '오이소, 보이소, (　　　)'이다. 과연 (　　　)는 무엇일까?

① 사이소　② 맛보소　③ 사가소　④ 가이소　⑤ 또오소

난이도 ★★★★★

19. 한국의 버지니아 울프로 불린 전혜린의 에세이집 이름은 무엇일까?

① 그리고 아무 일도 없었다.

② 그리고 아무도 없었다.

③ 그리고 아무 말도 하지 않았다.

④ 그리고 아무 맛도 안 났다.

⑤ 그리고 아무것도 모르겠다.

Quiz

난이도 ★★★★★

20. 이걸 가진 사람에게 불행이 따르기로 유명한 호프 다이아몬드의 색깔은 무엇일까?

난이도 ★★★★

21. 구구단의 답 중 가장 많은 것은 무엇일까?

① 홀수 짝수 같다.　② 홀수　③ 짝수　④ 음수　⑤ 소수

난이도 ★★★★

22. 양궁에서 선수가 지켜야 할 규칙은 무엇일까?

① 흰 선을 양 발 사이에 놓고 쏜다.
② 두 발을 흰 선 앞에 놓고 쏜다.
③ 양 발로 흰 선을 밟고 서서 쏜다.
④ 흰 선 위에 검은 선을 그리고 쏜다.
⑤ 흰 선 앞에 마음대로 서서 쏜다.

난이도 ★★★★

23. 영화 해리포터 시리즈에 나오는 '말하는 대로 이루어져라'는 뜻의 주문은 무엇일까?

① 아브라카다브라 ② 케세라세라
③ 오블라디 오블라다 ④ 아멘
⑤ 나미아미타블

난이도 ★★★★

24. 1에서 10까지 더하면 55가 된다. 1에서 100까지 더하면 얼마일까?

① 5,051 ② 5,050 ③ 5,010 ④ 5,000 ⑤ 5,555

난이도 ★★★★

25. 2008년 9월부터 상습 성폭력 범죄자의 위치를 추적하여 재범을 방지 하고자 대상에게 채우는 전자 장치는 무엇일까?

① 팔찌 ② 발찌 ③ 귀걸이 ④ 목걸이 ⑤ 피어싱

난이도 ★★★

26. 밤에 자다가 마시려고 머리맡에 두는 물을 뭐라고 할까?

① 자리끼 ② 하루끼 ③ 물끼 ④ 한끼 ⑤ 조끼

Quiz

난이도 ★★★★

27. 전라도는 고구마엿, 충청도는 무엿, 강원도는 옥수수엿, 그렇다면 꿩엿과 돼지고기엿으로 유명한 지역은 어디일까?

① 울릉도　② 경기도　③ 경상도　④ 독도　⑤ 제주도

난이도 ★★★

28. 독수리 오형제가 아닌 것은 무엇일까?

① 제비　② 참새　③ 백조　④ 콘도르　⑤ 독수리

난이도 ★★★★★

29. '봉보부인'이란 누구를 뜻하는 것일까?

① 왕비의 이모　② 왕비의 어머니
③ 임금의 유모　④ 임금의 여자친구
⑤ 임금의 친구의 아내

난이도 ★★★

30. 상가에서 조문객을 기념하기 위해 조문객의 이름을 남겨두도록 하는 기록을 무엇이라고 할까?

① 방명록　② 비망록　③ 수상록　④ 기록록　⑤ 김경록

난이도 ★★★

31. 매우 모질고 끈질기다는 뜻인 '악착같다'는 이의 모양을 표현한 것이다. 과연 이를 어떻게 하고 있는 것일까?

① 부득부득 이를 갈고 있는 상태 ② 이를 꽉 다문 상태
③ 입술을 깨물고 있는 상태 ④ 입을 벌리고 이를 드러낸 상태
⑤ 이를 딱딱거리며 소리내고 있는 상태

난이도 ★★★★

32. 빨래를 할 때 넣는 세제의 시초는 잿물과 바로 '이것'이였다. '이것'은 무엇일까?

난이도 ★★★

33. 밤 늦게 활동하는 사람들을 가리켜 (　　　)족이라고 한다. 빈칸에 들어갈 말은 무엇일까?

① 올빼미 ② 족제비 ③ 박쥐 ④ 나방 ⑤ 알타이어

Quiz

난이도 ★★★★★

34. '노처녀더러 시집가라 한다'는 속담이 있다. 이 속담의 뜻은 무엇일까?

① 사람을 난처하게 만든다.
② 상대방을 화나게 한다.
③ 불가능한 일을 하라고 한다.
④ 하나마나한 말을 한다.
⑤ 노처녀를 놀리면 안 된다.

난이도 ★★★★★

35. 우주에서 본 지구의 모습이 작고 푸른 구슬 같다고 하여 붙여진 이름으로, 도시를 여행하는 게임 이름이기도 한 이것은 무엇일까?

① 블루마블
② 블루드래곤
③ 블루라벨
④ 구슬치기
⑤ 옥구슬

난이도 ★★★

36. '햄버거'는 이 도시에서 먹는 스테이크에서 유래되었다고 한다. 어떤 도시일까?

① 하이델베르크
② 함경도
③ 함부르크
④ 릴레함베르
⑤ 마꾸도나르도

난이도 ★★★★★

37. 우리가 간식이나 간편한 식사대용으로 즐겨먹는 '샌드위치'는 무엇의 이름을 딴 것일까?

① 동물 ② 사람 ③ 음료수 ④ 옷 ⑤ 빵

난이도 ★★★

38. 90년대는 언제부터 언제일까?

① 1990년부터 1999년까지
② 1991년부터 1999년까지
③ 1999년부터 2000년까지
④ 1991년부터 2000년까지
⑤ 1989년부터 20001년까지

난이도 ★★★

39. 수육은 고기를 어떤 방식으로 조리하는 것일까?

① 볶기 ② 삶기 ③ 찌기 ④ 굽기 ⑤ 튀기기

난이도 ★★★

40. 각국의 단어가 뜻하는 공통의 말은 무엇일까?

프랑스어 – 메르씨, 스페인어 – 그라시아, 아랍어 – 메르시나 모쳐, 독일 – 당케

① 안녕 ② 사랑해 ③ 고마워 ④ 또 자니? ⑤ 그만 먹어

Quiz

난이도 ★★★★★

41. '자산어보'에는 뱀에게 물렸을 때 '이것'을 약으로도 썼다고 한다. 삭히면 특유의 암모니아 냄새가 나기도 하는 '이것'은 무엇일까?

① 문어　② 농어　③ 전어　④ 고등어　⑤ 홍어

난이도 ★★★★★

42. 우리나라가 반환을 요청한 '외규장각' 도서는 현재 어느 나라에 있을까?

① 프랑스　② 일본　③ 중국　④ 미국　⑤ 티베트

난이도 ★★★★

43. 주식계좌를 만들 수 있는 최하의 나이는 몇 세 이상일까?

① 30세　② 5세　③ 10세　④ 20세　⑤ 3세

난이도 ★★★★

44. 공연이 끝난 후 배우들이 무대로 나오도록 불러내는 것을 무엇이라고 할까?

① 커튼콜　② 앵콜　③ 애니콜　④ 콜렉트콜　⑤ 니콜

해설

1 소설 '80일간의 세계일주'는 1873년에 발표된 소설로, 영국 신사 필리어스 포그가 그의 친구들과 함께 80일간 세계일주를 하며 겪은 사건 사고들을 재미있게 풀어낸 소설이다. 세계 각지의 인정과 풍물의 소개와 더불어 여러 민족의 성격이 풍자적으로 묘사되어 있으니 정말 어른이 되고 싶다면, 꼭 한번 읽어보기를 강추하는 바이다.

정답: ②번

2 슬로 시티(SLOW CITY)는 반패스트푸드로 시작된 슬로푸드 운동의 정신을 지역 전체로 확대하면서 생겨 난 것으로 자격요건은 인구 5만 명 이하, 패스트푸드, 대형마트, 자동판매기, 대량운송 수단이 없어야 한다. 전통산업과 슬로푸드, 아름다운 경관, 세계적 네트워크를 가질 수 있는 보편적 문화 보유 등이 자격 요건에 속한다. 정말 이곳에 패스트푸드와 대형마트가 없다니 한번 가서 확인 해보고 싶다.

정답: ①번

3 '333 따라잡기'는 가정에서 3가지, 사무실에서 3가지, 자동차에서 3가지 에너지 절약 캠페인이다. 가정에서 3가지는 불필요한 조명등 끄기, 가전제품 플러그 뽑기, 적정 실내온도 지키기. 사무실에서 3가지는 점심시간 조명등 끄기, 사용하지 않는 컴퓨터 끄기, 엘리베이터 운행 줄이기. 자동차에서 3가지는 승용차 요일제 참여하기, 대중교통 이용하기, 경제속도 경제운전 실천하기이다.

정답: ①번

4 울음소리가 크고 우렁차며 목에 큰 울음주머니가 있어 밤에 황소 울음 소리를 낸다고 하여 '황소 개구리'이름이 붙여졌다. 실제로 황소개구리 울음소리를 들으면 어찌나 큰지 뒤로 넘어간다고 한다.

정답 : ⑤번

5 호각지세(互角之勢)은 역량이 서로 비슷비슷한 위세. 파죽지세(破竹之勢)은 대를 쪼개는 기세라는 뜻으로, 적을 거침없이 물리치고 쳐들어가는 기세를 이르는 말. 금옥지세(金玉之世)은 태평한 시대를 비유적으로 이르는 말. 먹고죽세, 나가보세를 정답으로 골랐다면… 그냥 어른되길 포기하세.

정답 : ②번

6 탱고는 라틴어로 'Tangere'에서 유래. 교황 베네딕토 15세는 "가정과 사회를 파괴하는 음란하고 야만적인 춤이 교황청에까지 침투했다"고 하여 '궁정 내 탱고 금지령'을 내렸다고 한다. 하지만 원래 하지 말라면 더 하고 싶은 게 사람 심리 아닌가. 이민자의 외로움을 달래는 탱고는 이후에도 계속 굳건하게 유행하였다고 한다.

정답 : ②번

해설

7 제2차 세계대전 당시 인본인들의 포로수용소에 갇혀있던 미군들에게 김을 주었는데, 전쟁이 끝난 후 열린 전범 재판소에서 미국인들은 일본군이 포로들에게 검은 종이를 강제로 먹여 고문을 했다고 주장했다. 이것이 바로 김이었다. 지금은 외국인이 가장 좋아하는 한국 음식 중 하나로 꼽히고 있는 김이 고문도구였다니!(하기사 물 안 먹이고 김만 꾸역꾸역 먹으면 고문이 될 지도 모르겠다)

정답: ③번

8 브람스는 20살에 스승 슈만의 아내 클라라를 처음 만나게 되었고, 14살 연상의 클라라를 사모하게 되었다. 그녀에게 '슈만의 주제에 의한 변주곡'을 헌정하기도 했다.

정답: ①번

9 팔방돌이는 북한어로, 한곳에 가만히 있지 못하고 이곳 저곳을 부지런히 돌아다니는 사람을 비유적으로 이르는 말이다. 남한에서 쓰는 말로는 멀티플레이어 정도 되겠다.

정답: ②번

10 '살인의 추억'에 유재하의 노래 '우울한 편지'가 나오고 '사랑하기 때문에' '지난날'은 유재하의 대표 곡이고, 유재하가 '조용필과 위대한 탄생'의 키보디스트 였다는거. 또한 그가 남긴 단 한 장의 음반은 모두 명곡으로 꼽히고 있다. 한번 들어보시라, 아주 색다른 느낌의 음악을 만나보실 수 있을 것이다. 1997년에 신해철, 김현철, 이적, 정재형, 이소라, 여행스케치, 조규찬 등의 가수들이 유재하 추모 앨범을 발매하기도 했다.

정답: ①번

11 고갱의 작품 '언제 결혼하니?'는 생활이 어렵고 문명세계에 대한 혐오감 때문에 프랑스를 떠나 살게 된 타히티섬에서의 일상적이면서도 재미있는 소재를 다뤄 그린 작품이다. 이밖에도 재미있는 작품명으로는 '어머, 질투하고 있니?'와 '왜 골이 나있니?'가 있다.

정답: ⑤번

12 1399가 부정, 불량식품을 발견했을때 신고하는 전화번호다. 참고로 각 구청의 위생과에 신고해도 되며, 신고내용에 따라 포상금도 지급된다.

정답: ②번

해설

13 2008년 5월 뉴욕타임즈에서 미국 뉴욕 퀸즈지역에 있는 한 스파를 소개하면서 그 안에 있는 찜질방을 소개했다. 타임즈는 찜질방을 '가족이나 친구들이 함께 대화를 할 수 있으며 슬립오버도 할 수 있는 곳'이라고 소개했다. 들리는 소문에 의하면 미국 사람들도 한국의 찜질방 매력에 홀딱 반했다고 한다.

정답: ④번

14 처음 중화요리집이 생겼을때 실제 중국사람들이 많이 했는데, 그 종업원이 주인을 부를 때 식당 카운터를 장악하여 돈을 넣는 통을 관리하는 주인장을 '손바닥 장, 괘짝 괘' 즉 장궤로 불렀다. 이를 한국 사람들이 듣고 짱깨로 바꿔 부르다가 현재 중국인을 비하하는 말로 변하게 되었다. 참고로 장궤는 중국에서는 식당사자님이라는 좋은 말로 쓰이고 있단다.

정답: ①번

15 커피칸타타는 커피를 좋아하는 젊은 딸 리센과 이를 못마땅히 여기는 아버지 쉬랜 드리안 사이의 갈등을 그린 작품이다. 실제로 가사들이 아주 익살스럽고 커피를 예찬하는 내용들로 가득하다. 혹시 이 글을 읽는 사람들 중, '나는 커피보다 천번의 키스가 더 좋을 것 같은데…'라고 생각하는 사람이 있다면 지극히 정상적이다!

정답: ①번

16 '광해군일기'에는 더덕으로 밀전병을 만들어 바친 한효순의 권력이 처음에는 막강했는데, 지금은 잡채를 만들어 바친 호조판서 이충의 권력을 당해낼 자가 없다는 구절이 있다. 잡채를 만들어서 판서 자리에 올랐다니… 소갈비라도 대접했으면 임금 될 뻔 했다!

정답: ①번

17 등록헌혈회원증에는 '당신의 헌혈이 생명을 구합니다. Give blood save life'라는 글귀와 함께 회원번호, 회원명, 혈액형, 대한적십자사 등이 적혀있다.

정답: ②번

18 다채로운 볼거리와 먹을거리 살거리가 어우러진 해양수산물관광축제라는 의미로 볼거리 : 오이소, 먹을거리 : 사이소, 살거리 : 사이소로 슬로건을 만들었다고 한다. 센스있소~

정답: ①번

19 전혜린은 1952년생으로 한국의 버지니아 울프로 불리우는 여류작가이다. 안타깝게 자살로 생을 마감한 작가 전혜린의 자서전적 에세이집의 이름은 '그리고 아무 말도 하지 않았다'이며, 독일 유학 후 대학교수로 생활하다 이후 죽음을 맞이했다. 외모도 뛰어났던, 그래서 더욱 인재의 죽음에 많은 사람들이 안타까워했다고 한다.

정답: ③번

해설

20 프랑스 루이 14세가 소유했던 블루 다이아몬드를 1830년 은행가 호프가 구입한 뒤, '호프 다이아몬드'로 불리우기 시작했는데, 거부였던 호프 가문은 모두 빈곤과 생활고에 시달려 생을 마감하게 되고 이후, 소유자인 맥린도 비슷한 불운을 겪는 등 저주가 깃들어 있다는 전설이 내려온다.

정답: ②번

21 홀수가 나올 수 있는 경우는 홀수×홀수만 해당된다. 짝수×짝수도 짝수이고, 짝수×홀수도 짝수이다. 즉, 짝수가 가장 많다는 결론이다. 못 믿겠으면 세봐라!

정답: ③번

22 양궁의 기본 자세로는 양 발을 어깨 넓이만큼 벌리고 앞에 그려진 흰 선을 양 발 사이에 두고 쏘는 것이 기본 규칙이다. 선을 밟거나 이 자세를 어기면 반칙이 된다고 한다.

정답: ①번

23 정답은 '아브라카다브라'다. 영화나 소설을 못 봤으면 그냥 과감하게 찍으면 되는 문제다. 참고로, 케세라세라는 '뭐가 될 것인지'를 뜻하는 스페인어이며, 오블라디 오블라다는 '우왕좌왕'의 뜻. 아멘과 나미아미타블은 종교 용어이다.

정답: ①번

24 1＋100＝101, 2＋99＝101… 50＋51＝101
즉, 101이 총 50번으로 5,050이 된다.

1에서 10까지 더하면 55.

1에서 100까지 더하면 5,050.

1에서 1,000까지 더하면 500,500.

1에서 10,000까지 더하면 50,005,000…. 규칙이 눈에 보이는가?

정답 : ②번

25 상습 성폭력 범죄자의 재범을 막기 위해 위치 추적을 위해 전자 발찌를 채우기로 함. 특히 인권 침해를 막기 위해 노출되기 쉬운 팔찌 대신 발찌를 차게 한다.

정답 : ②번

26 특히 어른들이 머리맡에 물을 두고 주무시는데, 이걸 자리끼라고 한다. 한자어가 아닌 순 우리말이다. 알아두도록 하자!

정답 : ①번

27 제주도에는 꿩엿, 돼지고기엿 외에도 닭엿이 있다. 제주도에는 특이하게 육류엿이 전통음식으로 내려오고 있다는 것을 알아두도록 하자. 제주도에 갈 일이 있거든 감귤초콜릿만 먹지 말고 육류엿도 한 번 먹어보도록 하자.

정답 : ⑤번

해설

28 독수리 오형제는(원제는 과학닌자대 가차맨) 각각 독수리, 콘도르, 백조(고니), 제비, 부엉이의 의상과 별명을 가지고 있다. 독수리 5형제라고 해서 다 독수리가 아니라는 것을 잘 알도록 하자.

정답: ②번

29 봉보부인(奉保夫人)은 조선 초기에 임금의 유모에게 내리던 종일품 외명부의 품계이다. 궁에는 어린 임금의 유모가 따로 있었는데, 훗날 나라를 일으킬 귀한 임금을 키우는 사람인만큼 관직을 하사했다는 것이다.

정답: ③번

30 그냥 방명록이다. 뭐 특별한 이름을 기대한 것은 아니겠지? 어떤 일에 참여하거나 찾아온 사람들을 특별히 기념하기 위하여 그 사람들의 이름을 적어 놓는 기록 또는 책을 통틀어 모두 방명록이라고 한다. 여러분의 블로그나 미니홈피에도 있는 바로 그 방명록이다.

정답: ①번

31 악찰할 악(齷) + 이를 맞부딪힐 착(齪)이 합쳐진 말이 바로 '악착같다'. 이는 말 그대로 이를 꽉 맞물린 상태를 말하는데, 이때 이의 모양은 꽉 다문 상태이다. 이를 맞부딪히며 이를 꽉 다물어 보자. 바로 그 상태가 악착같다는 상태다.

정답: ②번

32 세제가 없던 시절, 우리 조상들은 소변으로 빨래를 했다. 오줌통에 소변을 모으고 몇 일을 삭히다 보면, 소변은 아래층엔 침전물로, 윗층은 맑은 물로 분리되는데, 암모니아가 포함된 윗 층의 맑은 물은 기름때 세탁은 물론 피부염까지 걱정할 필요가 없는 천연 세제였다고 한다. 아무리 최고의 천연 세제였다고는 하나 지금 생각하니. 좀 그렇다.

정답: ①번

33 늦게 일어나 해가 뉘엿뉘엿 지기 시작해야 정신이 맑아지는 사람을 일컬어 올빼미족이라고 한다. 반대 의미로 아침형인간 또는 얼리버드(EARLY BIRD) 족이라고 한다. 참고로, 늦게 자고 늦게 일어나고 활동을 안하는건 그냥 게으른거다. 반성하자!

정답: ①번

34 예전에는 노처녀들이 시집가라는 말을 들으면 좋아했지만 시대가 변하면서 이 속담은 노처녀에게 하나마나한 말이 되었다. 연초나 명절이 되면 어른들이 하시는 '시집가라, 장가가라'하는 말씀은 어차피 하나마나한 얘기다. 안 가고 싶어서 안 가는게 아니라구요.

정답: ④번

해설

35 블루마블(BLUE MARBLE)은 국내 최초 보드게임으로 1980년대 어린이들 사이에서 큰 인기를 얻었고 각각 말과 기본 돈을 나눠 갖고, 주사위를 던져 나온 숫자만큼 진행을 해나가며 각 도시를 여행하다가 도착하는 곳의 땅이나 건물을 사는 게임이다. 돈이 없을때 무인도에 걸리거나 잘 나가고 있을 때 우주여행에 걸리는 복불복의 재미가 존재하는 게임이다. 참고로 블루마블은 큰 지구를 뜻하며 1934년 발매된 미국의 모노폴리라는 부동산 보드게임과 비슷하다.

정답: ①번

36 함부르크는 우리나라 부산같은 항구 도시인데, 바쁜 선원들이 왔다갔다 하면서 간편하게 즐긴 스테이크에 빵을 얹어 먹은 형태의 음식이 함부르크(hamburg)의 지명을 따서 햄버거(hamburger)가 된 것이다.

정답: ③번

37 샌드위치는 18세기 초 영국의 초대 해군 제독이며 정치가인 '존 몬태규 샌드위치'백작의 이름에서 따온 것이다. 샌드위치가 만들어진 일화는 아주 간단하면서도 기발하다. 이 샌드위치 백작이 카드 놀이에 푹 빠져서, 카드를 하면서 포크와 칼 없이도 먹을 수 있는 음식이 없을까 고민하다가 샌드위치를 만들어 낸 것이다. 귀차니즘이 만든 훌륭한 발명품이라고 할 수 있다.

정답: ②번

38 말 그대로 90년대는 시작하는 1990년부터 끝나는 1999년까지다. 이와 똑같이 80년대는 1881년부터 1889년까지. 그럼 2000년대는? 당연히 2000년부터 2999년까지다. 이정도 응용능력은 갖춰줘야 상식 좀 있다는 얘기를 듣는다.

정답: ①번

39 수육(肉)은 삶아서 익힌 쇠고기를 뜻하는 말이다. 참고로 편육(片肉)은 얇게 저민 고기, 제육(肉)은 식용으로 하는 돼지고기를 뜻하는 말로, 제육볶음은 돼지고기 볶음을 뜻한다. 맛도 차이가 있는데 삶은 쇠고기를 기본으로 하는 수육은 부드럽고 편육은 얇게 저민 것이라 약간 퍽퍽하나 기름기가 적고 제육은 돼지고기를 주 재료로 하기 때문에 아주 기름지다.

정답: ②번

40 모두 고맙다는 뜻이다. 영어로는 '땡큐'를 의미하는 것이다. 일본어 '아리가또'나 중국어 '셰셰'가 나왔으면 조금 더 문제가 쉬웠겠지만… 그럼 너무 쉬워서 재미가 없지 않은가! 참고로 요즘은 그냥 아무 나라에 가서 편하게 '땡큐'하면 웬만하면 다 통한다.

정답: ③번

해설

41 홍어는 가오리과의 바닷물고기로, 우리나라에서는 삭혀서 막걸리와 함께 먹는 홍탁으로 유명하다. 삭히면 특유의 톡 쏘는 맛이 나는데, '자산어보'에는 이걸 가지고 다니면 뱀이 도망간다고 할 정도로 특유의 냄새를 지녔다고 한다. 주의사항! 어른이 아닌 사람은 좀 더 큰 다음에 맛보길 바란다. 한번 맛 보면 절대 잊을 수 없는 그런 면이 있으니 말이다.

정답: ⑤번

42 1866년 프랑스 함대가 우리나라를 침략했을 때 그들은 외규장각을 불태우고, 외규장각에 있던 도서를 약탈해 갔다. 그 후로 100년도 더 지난 현재까지 프랑스 파리 국립도서관에 소장되어 있는데 이후, 2007년에는 공식적으로 프랑스에게 외규장각 도서를 돌려줄 것을 건의했다고 한다. 그러나 현재까지 프랑스의 답은 없으나 외규장각 도서를 되찾아오기 위한 작업을 계속하고 있다.

정답: ①번

43 주식 계좌를 만들 수 있는 최소의 나이는 3세이다. 특히 법정대리인만 있으면 3세 이상의 어린이도 주식을 가질 수 있다고 하니 어른이 아니더라도 주식 거래를 할 수 있다. 가끔 뉴스에 나오는 재벌가의 3세, 5세 이런 어린이들이 어마어마한 주식을 가지고 있는 것이다.

정답: ⑤번

44 커튼콜(CURTAIN CALL)은 공연이 끝난 후, 출연진들이 관객의 박수에 화답하기 위해 다시 무대로 나오는 것을 말한다. 연극이나 오페라 뮤지컬 등 모든 공연이 끝나고 관객의 박수가 이어지면 들어갔던 배우들이 다시 무대위로 나와 최종 인사를 하는 장면을 본 적이 있을 것이다. 그게 커튼 콜이다.

정답: ①번

STEP

절지동물에 속하는 이 동물은 허리가 휘어 '바다의 노인'이라고도 불리우며, 한자로는 하(蝦)로 쓰인다. 이 동물은 무엇일까?

판타스틱 어른백서 005

....

흠..
좀 짠데요?
소금간을
많이
하셨나봐요

나트륨을 과다섭취
하면 동맥손상이나
위암, 골격계질환,
고혈압등을
유발하는데...
이거 먹여서 저
죽일려고 그러신 거
아니예요?

쳐먹지마 : 그럼
내도시락이야

하하, 설마요~
부장님도 참....
다음엔
더 맛있게
해와볼께요~

흐아~ 오늘 하루도
무사히 넘겼네
샤워도 했고..
모처럼
영화나 한편
봐야지~

띵똥~~!

누구세요?
이 저녁에
우리집에
누구지?

김방자씨죠?
강북구 강력계에서
왔습니다 살인미수
혐의로 신고가
들어와서요
조사를 해야
하니 서까지
가주시죠
에?

Quiz

난이도 ★★★

1. 다음은 이것을 측정하기 위한 신체부위이다. 이것은 무엇일까?

겨드랑이, 귓속, 입안, 항문

① 체온 ② 혈압 ③ 호흡 ④ 맥박 ⑤ 비만도

난이도 ★★★★

2. 다음 형제들의 공통점은 무엇일까?

워쇼스키형제, 코엔형제, 스콧형제

① 댄서 ② 발명가 ③ 가수 ④ 영화감독 ⑤ 대통령

난이도 ★★★★

3. 우리나라 배용준을 일본에서 부르는 호칭인 '욘사마'중 사마는 어떤 뜻일까?

① 님 ② 왕 ③ 선생 ④ 사장 ⑤ 군

난이도 ★★★

4. 다음중 닮은꼴을 뜻하는 표현은?

① 잉어빵 ② 붕어빵 ③ 국화빵 ④ 호빵 ⑤ 건빵

이제, 상식 문제
좀 풀어볼까요?

난이도 ★★★

5. 통계청에 따르면 우리나라에서 가장 많은 성씨는 이것이라고 한다. 무엇일까?

① 이씨 ② 김씨 ③ 박씨 ④ 최씨 ⑤ 서씨

난이도 ★★

6. 우리가 흔히 먹는 '닭도리탕'은 일본어의 잔재로 남아 있는 말로 최근 우리말로 순화되었다. 어떤 말로 순화되었을까?

① 닭볶음탕 ② 닭다리탕
③ 맛도리탕 ④ 닭튀김탕
⑤ 닭닭탕

난이도 ★★★

7. 다음 생활안내번호가 잘못 연결된 것은 무엇일까?

① 전화번호 안내 : 112 ② 날씨예보 : 131
③ 전기고장안내 : 123 ④ 자동시보안내 : 116
⑤ 생활민원서비스안내 : 120

Quiz

난이도 ★★★★★

8. 북한말로 '고려의사'는 한의사를 뜻하는 말이다. 그럼 '까까쟁이'는 어떤 사람을 뜻하는 북한말 일까?

① 수퍼주인 ② 이발사
③ 시장상인 ④ 어린이용품 판매상
⑤ 연탄 장수

난이도 ★★★

9. 요주의 인물 명단을 뜻하는 말을 (　　　　) list 라고 한다.
(　　　　)은 무엇일까?

① black ② red ③ blue ④ yellow ⑤ white

난이도 ★★★★★

10. 1903년 우리나라 최초의 등대가 세워진 이 섬의 이름은 무엇일까?

① 실미도
② 팔미도
③ 월미도
④ 독도

난이도 ★★★★★

11. 1938년에 등장한 이 말은 지금과는 다르게 당시에는 형과 같음이란 뜻으로 쓰였으나 현재는 전혀 다른 의미로 쓰이고 있다. 이 말은 무엇일까?

① 헤이　② 이모　③ 고모　④ 어이　⑤ 언니

난이도 ★★★

12. 다음 내용들이 의미하는 날은 어느 날일까?

장국영이 사망한 날, 119 허위신고가 가장 많은 날, April fool's day

① 만우절　② 성탄절　③ 어린이날　④ 부활절　⑤ 1월 1일

난이도 ★★★★

13. 동화 '피터팬'에서 피터팬은 영원히 어른이 되지 않은 이 나라에 산다, 피터팬이 사는 이 나라의 이름은 무엇일까?

① 서울랜드　② 원더랜드
③ 에버랜드　④ 디즈니랜드
⑤ 네버랜드

Quiz

난이도 ★★★

14. 씨름경기의 규정상 샅바는 꼭 이것으로 만들어야 한다. 이것은 무엇일까?

① 면 ② 스판 ③ 마 ④ 나일론 ⑤ 망사

난이도 ★★★

15. 구약성서에서 아담과 이브는 이 동물의 유혹에 넘어가 금단의 열매를 먹고 낙원에서 추방되었다. 이 동물은 무엇일까?

① 뱀 ② 여우 ③ 토끼 ④ 악어 ⑤ 하마

난이도 ★★★★

16. 멀리 떠난 사람을 돌아오기를 기원하며 나무 등에 묶어 두는 리본을 영어로 (　　　)ribbon이라고 한다. 빈칸에 들어갈 색은 무엇일까?

① yellow ② red ③ blue ④ white ⑤ green

난이도 ★★★

17. 이것을 뜻하는 '스파'는 벨기에의 이것으로 유명한 도시 이름에서 따온 것이다. 이것은 무엇일까?

① 스키 ② 마사지 ③ 온천 ④ 커피 ⑤ 다이아몬드

난이도 ★★★

18. '수업시간에 조는 애들이 부지기수다'할 때 부지기수란 어떤 상태를 말하는 것일까?

① 적다
② 많다
③ 보통이다
④ 나쁘다
⑤ 자신의 의지가 뚜렷하다.

난이도 ★★★

19. 오 헨리의 소설 '크리스마스의 선물'에서 아내는 자신의 머리카락을 팔아서 남편의 무엇을 선물했을까?

① 휴대폰 ② 지갑 ③ 구두 ④ 시계줄 ⑤ 와우 정액권

난이도 ★★★★★

20. 절지동물에 속하는 이 동물은 허리가 휘어 '바다의 노인'이라고도 불리며, 한자로는 하(蝦)로 쓰인다. 이 동물은 무엇일까?

Quiz

난이도 ★★★

21. 이 채소에 들어있는 '락투신'과 '락투세린' 때문에 최면효과가 있어, 이 채소를 먹으면 졸린다고 한다. 이 채소는 무엇일까?

① 배추 ② 상추 ③ 깻잎 ④ 양배추 ⑤ 고추

난이도 ★★★

22. 신문이나 뉴스에서 1/4분기, 2/4분기 등을 얘기하는데 4/4분기의 첫 시작 월은 몇 월일까?

① 10월 ② 6월 ③ 4월 ④ 1월 ⑤ 12월

난이도 ★★★★★

23. 다음 (　　)안에 들어갈 올바른 말은 무엇일까?

다음 내용들을 염두(　　) 두시오!

① 에 ② 해 ③ 애 ④ 혜 ⑤ 얘

난이도 ★★★★

24. 우리나라 영화 상영등급은 총 5가지로 나뉜다.
'전체 관람가' '(　　　)세 관람가' '15세 관람가' '18세 관람가' '제한 상영가' 이 중, (　　　)안에 들어 갈 나이는 몇 살 일까?

① 13세 ② 12세 ③ 10세 ④ 7세 ⑤ 5세

난이도 ★★★

25. 처음 발표한 예술작품을 (   )작 이라고 한다. (   )안에 들어갈 알맞은 단어는 무엇일까?

① 처녀 ② 야심 ③ 총각 ④ 라스트 ⑤ 걸

난이도 ★★★★

26. 다음 신체부위 중 뼈가 없는 곳은 어디일까?

① 귀 ② 목 ③ 혀 ④ 손 ⑤ 얼굴

난이도 ★★★

27. 다음 중 하는 일이 나머지 넷과 다른 하나는 무엇일까?

① 매파 ② 마담뚜
③ 커플매니저 ④ 중신아비
⑤ 삼신할머니

난이도 ★★★★

28. 다음이 설명하는 것은 무엇일까?

전세계에서 1초에 2만개, 하루에 20억개 이상 팔리는 음료,
주성분인 인산은 쇠를 부식시킬 수 있다

① 콜라 ② 주스 ③ 우유 ④ 식혜 ⑤ 수정과

Quiz

난이도 ★★★

29. 순우리말 '주전부리'는 무엇을 뜻하는 말일까?

① 주전자 ② 잔소리 ③ 새주둥이 ④ 군것질 ⑤ 중얼중얼

난이도 ★★★★

30. 궁중의 부엌이라 불리는 이곳의 명칭은 무엇일까?

① 부엌간 ② 내의원 ③ 규장각 ④ 수라간 ⑤ 밥 간

난이도 ★★★★★

31. 야구 경기할 때 선수들이 눈부심을 방치하기 위해 눈 밑에 이색 아이패치를 바른다. 어떤 색깔일까?

① 검은색 ② 흰색 ③ 빨간색 ④ 노란색 ⑤ 형광색

난이도 ★★★★★

32. 알프르 산맥을 원정한 사람이며, 최초로 이동도서관을 두고 전쟁터에서도 책을 읽은 이 사람은 누구일까?

① 알렉산더 ② 나폴레옹 ③ 시저 ④ 이순신 ⑤ 오덕후

난이도 ★★★★★

33. 다음 중 같은 두 글자의 한자까지 같은 것은 무엇일까?

① 쌍쌍파티
② 전세매매
③ 부부동반
④ 남남북녀
⑤ 강강수월래

난이도 ★★★★

34. '신작 영화, 관객들의 (　　　　)'에 들어갈 말로서, '가혹하게 비평함'이라는 뜻을 가진 말은 무엇일까?

① 양평　② 호평　③ 만평　④ 총평　⑤ 혹평

난이도 ★★★

35. 과거에 시집가는 여자들의 혼수물품이기도 했던 이것은, 노리개나 호신용으로 몸에 지니고 다닌 칼이다. 이것의 이름은 무엇일까?

Quiz

난이도 ★★★

36. '배냇저고리'는 누가 입는 옷일까?

① 갓난아기 ② 할머니 ③ 성인 ④ 아주머니 ⑤ 아저씨

난이도 ★★★★

37. 제주도 사투리의 대표인 '혼저옵서'는 어떤 뜻일까?

① 어서 오세요.
② 건강하세요.
③ 반갑습니다.
④ 아무도 없어요.
⑤ 혼자 오세요.

난이도 ★★★

38. 1년 중 31일까지 있는 달은 몇 번일까?

난이도 ★★★

39. 사찰에서 '해우소'는 어디를 뜻하는 걸까?

① 화장실 ② 부엌 ③ 안방 ④ 개집 ⑤ 소간

난이도 ★★★★

40. '구약성서'에 나오는 괴력의 사나이 삼손은 어디에서 괴력이 발생되는 걸까?

① 팔뚝 ② 머리카락 ③ 엉덩이 ④ 이두박근 ⑤ 배꼽

난이도 ★★★

41. 국기원(國技院)은 이것의 보급과 발전을 위해 만들어진 곳이다. 이것은 무엇일까?

① 검도 ② 태권도 ③ 택견 ④ 온라인 게임개발 ⑤ 바둑

난이도 ★★★

42. 뮤지컬 '맘마미아'는 어떤 가수의 히트곡으로 만들어진 뮤지컬일까?

① 아바 ② 비틀즈
③ 소녀시대 ④ 브리트니 스피어스
⑤ 원더걸스

Quiz

난이도 ★★★★

43. 우리나라 군에 지원 입대할 수 있는 최소 나이는 몇 세 이상일까?

① 18세 ② 19세 ③ 20세 ④ 30세 ⑤ 40세

난이도 ★★★★

44. 젊은층이나 클럽에서 유행하고 있는 춤 '테크토닉'은 테크노와 어떤 장르가 합쳐진 것일까?

① 일렉트로닉 ② 하우스 ③ 재즈 ④ 트로트 ⑤ 힙합

난이도 ★★★★★

45. '차마고도'라는 말은 중국의 차와 티베트의 이것을 교환했다는 말이다. 이것은 무엇일까?

① 마차 ② 소 ③ 말 ④ 돼지 ⑤ 도라지

해설

1 체온(體溫)은 신체 내부의 온도를 말하는 것으로, 신체부위에 따라 차이가 있지만 항문에서 6센티 이상 들어간 곳에서 측정한 직장의 온도를 표준체온으로 하고 있다. 대신 겨드랑이의 온도, 구강 검온 측정이 편리하며, 인간의 정상 체온은 겨드랑이 온도 36.9도라고 하며, 소아는 성인보다 약간 높고, 노인은 낮다. 그래서 어렸을 때 병원에 가면 겨드랑이에 체온계를 꽂았던 것이다.

정답: ①번

2 위의 모든 이들은 영화 감독 형제들이며 따로 떼어놓아도 꽤나 유명한 이들이다. 래리와 앤디 워쇼스키는 매트릭스 시리즈로 유명한 감독이며 이 밖에도 우리나라 '비'가 출연한 '스피드 레이서'의 감독이기도 하다. 조엘과 에단 코엘은 미국의 독립영화를 대표하는 감독이며, 최고 걸작으로는 '파고'가 있다. 그리고 스콧형제는 리들리와 토니 형제로 액션과 SF영화의 진수를 보여준 감독으로 '글레데이터' '블레이드러너'등이 대표작이다. 정말, 형제는 위대하다.

정답: ④번

3 사마는 일본어로 '님'이란 뜻이다. 우리나라에서도 잘 안 쓰는 표현인만큼 일본에서도 극존칭으로 잘 쓰지 않지만, 아주 상대를 존중하는 뜻을 가지고 있다. 즉 욘사마는 욘님! 참고로 일본에서 이런 사람이름 뒤에 붙이는 호칭으로는 상, 짱, 군 등이 있는데 상은 말 그대로 '~씨', 짱은 친근한 말투로 친한 사람끼리 이름뒤에 붙여 쓰고, 군은 주로 남자의 이름뒤에 붙여 쓰는 호칭이다. 욘사마, 용준상, 용짱, 용준군! 이

렇게 부른다.

정답: ①번

4 우리는 흔히 닮은꼴에서(아빠 아들, 엄마 딸 사이등) 붕어빵 같다는 표현을 하곤 하는데 이는, 붕어빵을 만들때 기계에서 똑같은걸 찍어내는것과 같은 뜻으로 이 표현을 사용한다. 즉 처음 이 빵 이름이 우럭빵, 광어빵이였으면 우리는 닮은꼴에서 우럭빵, 광어빵이라는 표현을 썼을 것이다. 참고로 붕어빵에 붕어는 들어있지 않다. 몰랐지?

정답: ②번

5 통계청 조사에 따르면 5명중 1명이 김씨일 확률이 높다고 한다. 그만큼 김씨가 많다는 것이다. 그 다음으로는 7명중 1명인 이씨, 12명중 1명인 박씨 순이라고 한다. 본관까지 따지자면 김해 김씨가 1위, 밀양 박씨가 2위, 전주 이씨가 3위이다.

정답: ②번

6 우리가 흔히 먹는 닭도리탕은 닭이라는 우리말과 닭을 뜻하는 일본어 토리의 도리가 합쳐져 국적불명의 말이 되었다. 이에 닭볶음탕으로 순화할 것을 권장하고 있다. 이와 비슷하게, 오뎅은 어묵으로, 와사비는 고추냉이로 순화해서 쓸 것을 권장하고 있다. 우리 식당과 부엌에 일본어 잔재가 많이 남아있는 이유는 뭘까?

정답: ①번

7 전화번호안내는 114이다. 특히, 최근에 새로 만들어진 번호인 120번 생활민원서비스안내는 민원이나 교통불편 뿐 아니라 각종 구청이나 소방서 등이 연결되는 그야말로 생활민원서비스 안내 전화번호이다. 112에 전화해서 전화번호 물어보면 경찰 아저씨들 화낸다. 주의하자.

정답: ①번

8 까까쟁이는 이발사의 북한말로 머리를 깎는다는 표현에서 온 말이다. 이 밖에도 짝사랑은 외사랑, 아이스크림은 얼음보숭이, 주스는 찬단물이라고 한다. 참 정겨운 북한말이다. 알아뒀다가 유용하게 쓰도록 하자.

정답: ②번

9 black list(블랙 리스트)는 요주의 인물 명단을 뜻하는 말로 흔히 수사기관 따위에서 동태를 파악하기 위해 작성한 명단이다. '블랙리스트에 올랐다'라고 표현한다. 참고로 학주의 '블랙 리스트'에 오르면 학교생활이 피곤해질 수 있으니 주의하도록 하자.

정답: ①번

10 국내 1호 등대섬으로 불리우는 인천에 있는 팔미도는 서남해에서 인천으로 들어오는 길목에 등대가 세워졌다. 특히 팔미도 등대는 인천상륙작전의 기점이였으며 잠시 북한군에 점령되기도 하는 등 많은 역사를 가지게 되면서 군사기밀지역으로 일반인에게는 통제가 되는 곳이었으나, 2009년 1월 1일 106년 만에 팔미도가 일반인에게 개방되면서 그 문이 열렸다.

정답: ②번

11 1938년 문세영의 '조선어 사전'에는 언니가 '형과 같음'으로 기재되어 있으며 당시에 쓰여진 소설 임꺽정에서는 동료 남자들이 홍길동을 '언니'라고 부르는 대목도 확인할 수 있다. 우락부락하고 수염이 숭숭 난 임꺽정이 당시에는 언니였다니 대충격이 아닐 수 없다.

정답: ⑤번

12 국내에도 많은 팬들을 보유하고 있는 홍콩배우 장국영은 정말 거짓말같이 2003년 4월 1일 만우절 오후 10시에 호텔에서 떨어진 채 발견됐고, 만우절에는 119에 허위신고가 평소보다 배에 이른다고 한다. 그리고 만우절을 영어로 하면 바보의 날(fool's day)이다.

정답: ①번

해설

13 피터팬의 초대로 웬디와 동생들은 영원히 늙지 않는 네버랜드로 떠나면서 환상같은 일들을 겪게된다. 어른들은 없고 소년 소녀들만이 사는 환상의 초딩나라가 바로 네버랜드인 것이다. 이를 표방해서 마이클잭슨이 아이들을 위해 만들었다는 자신의 저택에 '네버랜드'를 만들었지만 네버랜드의 소유권을 자신이 일부 지분을 가진 회사인 시카모어 밸리 랜치 유한책임회사에 2008년 11월 10일자로 넘겼다고 전해지고 있다.

정답: ⑤번

14 씨름 경기의 규정상 샅바는 광목으로 만들어야 한다. 광목은 면을 말하는 것이며, 광목 즉 면을 쓰는 이유는 씨름이 생활 스포츠이다 보니 가장 실생활에서 쉽게 구할 수 있는 소재로 만드는 것이며, 옛날에는 씨름에서 우승하면 실생활에 유용하게 쓰이는 면을 상품으로 주기도 했다고 한다. 씨름이야말로 생활과 밀접한 스포츠이다.

정답: ①번

15 선악과를 내민 뱀의 유혹에 넘어가 금단의 열매를 먹고 낙원에서 추방된 아담과 이브. 이후, 뱀은 유혹을 상징하는 대표적인 동물로 여겨지고 있다. 이 설은 부인할 수도 긍정할 수 도 없는 그런 주장이다. 근거는 없으나 심증은 있는 그런 설이 아닐까?

정답: ①번

16 출옥수를 기다리는 옛 연인의 사연을 담은 팝송 'Tie a Yellow Ribbon Round the Old Oak Tree'는 1973년 가수 토니 올랜도가 부른 노래로서 가사 내용은 감옥에 갇힌 연인을 그리워 하며 매일매일 나무에 노란 리본을 매달아 그가 집을 잘 찾아오게 한다는 내용이다. 여기서 노란 리본은 멀리 떠난 사람이 돌아오기를 기원하는 상징을 갖게 되었다. 참고로 노란색인건 알았는데 Yellow가 노란색인지를 몰라서 문제를 틀렸다면… 반성하도록 하자!

정답: ①번

17 스파(SPA)의 명칭 유래는 벨기에 리에주주의 온천으로 유명한 도시 스파에서 비롯되었다. 또 하나의 설로는 건강에 좋은 물이라는 뜻의 프랑스어 'Sante Per Aqua'의 머리글자를 따서 SPA라고 이름 지었다는 설도 있다. 특히 온천, 목욕문화에 대한 세계의 관심으로 미국에서는 한국식 목욕 온천이 인기를 끌고 있다고 뉴욕타임즈에 소개 한 적이 있다.

정답: ③번

18 부지기수(不知其數)는 풀이 그대로, 그 수를 알지 못한다는 뜻으로, 그 만큼 수가 많다는 뜻이다. 참고로 이와 같은 뜻으로 북한어는 '기수부지'이다.

정답: ②번

해설

19 한 가난한 신혼부부가 서로에게 무엇을 선물할까 고민하다가 아내는 머리카락을 팔아 남편의 시계줄을 선물하고 남편은 시계를 팔아 아내의 머리빗을 샀는데, 서로 선물을 하고 보니 서로에게 필요없는 물건이 되었다는 훈훈한 이야기이다.

정답: ④번

20 새우는 한자로는 새우 하(蝦)로 표현하며 크기는 대하, 중하, 소하로 나눈다. 또한 몸길이에 2개가 되는 긴 수염을 가지고 있어 '바다의 어른'이라고도 불리다. 참고로 맛 좋은 대하는 9월부터 1월까지가 제철이므로 시간 내서 한번 먹으러 가라!

정답: ①번

21 상추에 대해 많이 알려진 설 하나가 '많이 먹으면 졸리다'이다. 이것은 상추 줄기를 잘랐을 때 나오는 흰즙 때문인데, 흰즙 안에는 락투세린과 락투신이라는 성분이 진통과 최면 효과를 내서 졸음이 오기 때문이다. 하지만 오히려 과도한 스트레스로 기분이 우울하거나 화가 치밀어 오를 때 상추로 생즙을 내서 마시면 기분전환이 된다고 한다. 당신, 상추는 고기에 싸먹으라고만 존재하는 줄 알았다면 새로운 지식 하나 배워가는 것이다!

정답: ②번

22 1년 12개월을 4분기로 나누어 1/4분기, 2/4분기, 3/4분기, 4/4분기라고 한다. 여기서 1/4분기는 1월부터 3월, 2/4분기는 4월부터 6월, 3/4분기는 7월부터 9월, 4/4분기는 10월부터 12월을 뜻한다. 즉 12개월을 4등분한 것이다.

정답: ①번

23 많은 사람들이 염두 '해'두다로 대착각을 하고 있다. 이것은 틀린 말이다. 바른 말은 '염두해 두다'가 아니라 '염두에 두다'다. 왜냐고? 염두는 한자어로 생각할 염(念), 머리 두(頭)를 쓴다. 즉, 머릿속에 생각 중, 명사이므로 뒤에 조사가 따르는게 당연하다. 또한 뜻도 머릿속 생각에 두다 이므로 염두에 두다가 맞는 말이다. 잘 알아두면 꽤나 유식해 보이는 문제이므로 기억해두길 바란다.

정답: ①번

24 우리나라 영화 상영 연령별 관람가 등급은 총 5가지 인데 모든 연령이 가능한 전체 관람가, 그리고, 12, 15, 18세 관람가가 있다. 이것은 이 나이 이상이면 관람이 가능하다는 뜻으로, 12세 관람가는 12세 이상이면 누구나 관람할 수 있다는 것, 반면 11세 이하면 관람이 불가능하다는 것이다. 제한 상영가는 지정된 제한상영관에서만 관람이 가능하다는 것이다. 잘 알아두고 자신의 나이에 맞는 영화를 잘 선택해서 보도록 하자!

정답: ②번

해설

25 처녀작(處女作)은 처음으로 지었거나 발표한 작품이다. 그렇다면 총각도 아닌 웬 처녀? 라는 의문이 들텐데 이는 아주 간단하다. 처녀(處女)라는 사전을 찾아보면, 미혼의 여성등을 뜻하는 것 외에도 '최초의, 처음으로'라는 뜻이 있다. 즉 최초의 작품이라는 말이다. 처녀작을 처녀가 쓴 작품이라고 생각하고 있었다면….

정답: ①번

26 혀에는 우리가 느끼듯이 뼈가 없다. 그래서 탈무드에는 이런 구절이 나오기도 한다. '혀에는 뼈가 없음으로 잘 간수하지 않으면 제멋대로 논다' 즉 말을 조심해서 잘 해야 한다는 뜻이다. 나머지 목과 귀, 손 특히 얼굴은 느끼는 만큼의 뼈가 존재하고 귀에도 부드럽지만 연골이 있다는 것을 잘 알아두도록 하자!

정답: ③번

27 삼신할머니는 흔히 아기를 낳는 신으로 알고 있는데, 정확한 명칭은 민속적으로 삼신, 즉 세 신을 뜻하는 말이고 이 모습이 할머니의 모습이다 해서 붙여진 말이다. 이 삼신을 보아야만 아기를 낳을 수 있다고 전해오고 있어, 삼신할머니는 아기를 점지해주는 신이라는 뜻으로 전해오고 있으며 마담뚜, 커플매니저, 중신아비, 매파는 모두 남녀의 혼인을 성사 시켜주는 역할을 하는 사람들을 일컫는 말들이다. 특히 매파는 한자로 媒婆로 혼인을 중매하는 할멈이라는 뜻이다.

정답: ⑤번

28 한 조사에 따르면 콜라가 하루에 2만개, 하루에 20억개 이상 팔렸다는 통계가 있다. 이것은 그 만큼 세계인들이 콜라를 즐겨 마시고 있다는 뜻이다. 콜라의 주요성분인 pH2~3인 인산은 쇠를 부식시키거나 쇠의 녹을 제거할 수 있을 만큼의 강한 인산이 첨가되어 있는데 이 때문에 많이 마실 경우 몸에 해롭거나 치아를 부식시킬 수 있다는 이야기가 전해져 오고 있으니 적당히 마셔야 한다.

정답: ①번

29 주전부리는 때를 가리지 아니하고 군음식을 자꾸 먹음, 또는 그런 입버릇, 맛이나 재미, 심심풀이로 먹는 음식을 뜻한다. 즉 '군것질'을 뜻하는 순 우리말이다. 주로 주전부리를 너무 해서 입맛이 없다. 또는 주전부리 할게 없나 라는 식으로 쓰인다. 알고 보면 정겹고 예쁜 우리말이 아닌가!

정답: ④번

30 수라간은 임금의 밥을 짓는 곳을 뜻하는 말로, 드라마 '대장금'을 열심히 시청했다면 상당히 익숙한 명칭일 것이다. 우리의 주인공 장금이가 처음 궁에 들어가 일한 곳이 바로 수라간 아니던가! 참고로 내의원은 병원을 뜻하는 말이며, 규장각은 도서관을 뜻하는 말, 부엌간은 부엌으로 쓰는 칸을 뜻하는 말이다. 밥 간이라는 말은 없는 말이다. 헷갈리지 말자!

정답: ④번

해설

31 검은색은 빛 흡수가 빠른 색으로, 야외에서 경기하는 야구선수들은 눈부심을 방치하기 위해 검은색 아이패치를 바른다. 멋져 보이기 위한 장치가 아닌, 눈부심 방치였음을 기억해 두시라.

정답: ①번

32 나폴레옹은 유명한 독서광으로, 이동도서관을 만들어 전쟁터에서도 책을 읽었는가 하면, 북크로싱 운동을 만들어 유행을 시킨 인물이기도 하다. 서로 자신이 좋아하는 책을 바꿔 읽는 운동인 북크로싱 운동은 이후 미국에서도 유행되었다고 한다. 나폴레옹이 세계를 정복할 수 있었던 힘은 바로 독서였던 것이다!

정답: ②번

33 쌍쌍파티에서 '쌍쌍'은 雙雙 둘이상의 짝이 되는 것을 뜻하는 같은 한자이며, 전세매매에서 '매매'는 賣買 사고 팔다는 뜻의 다른 한자, 부부동반에서 '부부'는 夫婦 지아비와 아내라는 뜻의 다른 한자, 남남북녀에서 '남남'은 南男 남쪽 남자 라는 뜻의 다른 한자, 역시 강강수월래의 '강강'은 强羌 굳센 종족이라는 뜻의 서로 다른 뜻을 가진 한자이다.

정답: ①번

34 흔히 무엇을 나쁘게 말하거나 부정적으로 평가를 할때 쓰는 말은 혹평(酷評)이다. 그러나 많이들 '호평'과 '혹평'을 혼돈하고 있는데, 호평(好評)은 좋은 평가를 뜻하는 말로, 혹평의 반대 의미를 가지고 있다. 즉 나쁜 평가는 혹평! 좋은 평가는 호평이다. 참고로 만평은 체계없이 생각나는 대로 비평함이란 뜻이며 총평은 총제적인 평가나 평점을 뜻한다.

정답: ⑤번

35 은으로 만든 작은 칼로, 과거 여자들이 노리개나 호신의 용도로 몸에 지니고 다녔다. 이외에도 임금님 음식에 독이 들어있는지 아닌지를 알아내기 위해 은장도를 사용하기도 했다. 왜냐하면 독성분이 은에 닿으면 색깔이 변하기 때문이다.

정답: ②번

36 배냇저고리는 깃과 섶을 달지 않은 갓난아기의 옷을 뜻한다. 배내는 '날 때부터나 배 안에 있을 때부터 갖고 있었던 것'을 뜻하는 것이다. 즉 아기가 입는 옷이다. 참고로 배냇짓은 갓난아기가 자면서 눈이나 코 등을 찡긋거리며 웃는 모습을 말한다.

정답: ①번

해설

37 제주도 사투리이자 제주도에 가면 가장 많이 들을 수 있는 말인 '혼저옵서'는 빨리 안 오고 뭐하십니까? 어서오세요 라는 뜻이다. 주로 식당이나 공항같은데서 이런 문구를 자주 접할 수 있다. 이왕 말 나온 김에 몇 가지 더 알아보자면, 호꼼만 이십서게 : 조금만 기다리세요, 맨드롱 호우꽈? : 따뜻합니까?, 속앖수다 : 수고했습니다. 등이 있다.

정답: ①번

38 날이 31일까지 있는 달은 총 7번이다. 1, 3, 5, 7, 8, 10, 12월이다. 2월은 28일까지 있으며(4년에 한 번씩은 29일) 나머지 달은 30일까지 있다.

정답: ④번

39 해우소(解憂所)는 근심을 푸는 곳이라는 뜻으로 , 불교에서는 '화장실'을 뜻하는 공간의 명칭이다. 즉 인간이 화장실에 앉아 모든 근심을 씻어버린다는 의미로 해우소라고 한다. 참고로 불교에서 세면장은 수각, 부엌은 공양간이라고 한다.

정답: ①번

40 흔히 '삼손의 머리카락'은 힘의 원동력을 상징하는 말이다. 구약성서에서 삼손은 머리카락에서 힘이 솟아나는데, 그 괴력의 힘으로 20년간 이스라엘을 지배한다. 하지만 머리카락이 잘리면 삼손의 힘이 사라지는데, 이걸 알아낸 데릴라의 꾀임에 빠져 그 힘을 잃어가는 그런 스토리다. 참고로 직장인을 열심히 일하게 하는 원동력은 카드고지서랄까?

정답: ②번

41 국기원은 한국 고유의 국기(國技)인 태권도를 보급하고 발전시키기 위해 만들어진 단체이다. 1972년 처음 만들어졌고 이후 1973년에는 세계 태권도 선수권 대회를 개최하고 세계태권도연맹을 만들었다고 한다. 이 덕분에 태권도가 세계로 쭉쭉 뻗어나가는 계기가 되었다.

정답: ②번

42 이미 영화로도 개봉을 해서 히트를 쳤으니 다들 알고 있을테지만 뮤지컬 맘마미아(MAMMA MIA)는 그룹 아바(ABBA)의 히트곡으로 만들어진 뮤지컬이다. 70년대 아바의 주옥같은 음악들이 흘러나와 중장년층에게 큰 인기를 끌었으며 또한 어린 세대에게는 신나는 음악과 로맨스 스토리가 매력으로 다가오는 작품이다. 어른이라면 아바의 '댄싱퀸' 정도는 알고 있으리라 믿는다.

정답: ①번

43 우리나라 법률상 군대에 입영을 지원할 수 있는 최소 나이는 육군의 경우 만 18세가 되는 해의 1월 1일 이후이다. 고귀한 대한민국 남성으로서의 의무인 군대에 가기 싫은 남성 분들이 계시다면 매도 먼저 맞는 게 나으니 얼른얼른 다녀오길 바란다.

정답: ①번

44 왠지 단어 자체에서 느낌이 확 오지 않는가? 유럽에서 큰 인기를 얻은 후 우리나라에 들어온 댄스 장르인 테크토닉은 테크노(TECHNO)와 ELETRONIC이 합쳐진 장르로 주로 손동작과 발동작을 이용해 주는 춤 동작을 말한다.

정답: ①번

45 이것도 대충 한자 보면 감 잡아서 맞출 수 있는 문제다. 차마(馬), 말, 즉 말이 답이다. 차마고도(茶馬古道)는 인류 역사상 가장 오래된 교역로로, 이 길을 따라 중국의 차와 티베트의 말이 오갔다고 한다. 길이가 약 5,000km에 이르며 평균 해발고도가 4,000m이상인 높고 험준한 길이지만 눈에 덮인 5,000m이상의 설산들로 인해 세계에서 가장 아름다운 길로 꼽히기도 한다.

정답: ③번

STEP
1
2
3

옛날 조상들은 전염병이 돌면 귀신을 쫓아내기 위해 이것을 긁었는데 이 소리를 귀신이 싫어할 거라고 믿었다 한다. 잔소리를 할 때 비유하기도 하는 이것은 무엇일까?

판타스틱 어른백서 006

응?
뭐지?
의외로 잘
떠들잖아?

훗, 부러울 건
없지 뭐..
사서 고생도
아니고..
그 열량 있으면
밥을 한 숟갈
더 뜨지

아니야, 잠깐!!
이대로 독고제트가
더 친해지면
결국 내 승진이
막히는!!
안돼!!!

하하..
부장님
무슨 얘기를
그리 재밌게 하세요?

아~ 잠깐 수학자에
대해 얘기하고 있었어요..
방자씨도 알아요?
베른하르트 리만?
'리만 가설'에 대해
얘기 하고 있었어요..
예전에 대학 졸업하고서
한창 매달렸었는데..

리만제타함수가
Ø 이 되는 점 S의
실수부가 모두
1/2인데
리만제타함수는
S= -2,-4,-6등일때도
Ø 이 되지만,
이 가설은 이런 건
제외해서 다뤄요

하하, 제타함수의
자명하지 않은 영점이
그 선 z=1/2+it
을 따라서

이상해...
한국말인데
안 들려..

Quiz

난이도 ★★★★

1. 우리나라 교통법상 9~12인승 승합차가 고속도로의 버스 전용차로를 이용하기 위해서는 몇 명 이상이 승차해야 하나?

① 6명 ② 9명 ③ 12명 ④ 10명 ⑤ 2명

난이도 ★★★★

2. 우리나라 사람들이 일본, 요르단, 러시아 등 외국을 여행할 때는 이것이 필요하다. 이것은 '외국인에 대한 입국 허가'를 뜻하는 말인데, 이것은 무엇인가?

① 비자 ② 여권 ③ 면세 ④ 티켓 ⑤ 패스포트

난이도 ★★★

3. '금싸라기'는 어떤 과일의 품종인가?

① 쌀 ② 참외 ③ 사과 ④ 포도 ⑤ 수박

난이도 ★★★★

4. 이순신, 안네, 브릿지 존슨. 이 세 인물은 공통적으로 무엇 때문에 유명해 졌을까?

① 일기 ② 업적 ③ 소설 ④ 바디라인 ⑤ 외모

이제, 상식 문제 좀 풀어볼까요?

난이도 ★★★★★

5. 외국의 주소중 '330 GRAND St.'중 St.는 무엇의 약자일까?

① street　② station　③ stone　④ store　⑤ studio

난이도 ★★★

6. '밤마실 간다'고 할 때 '마실'은 어떤 말의 방언일까?

① 마을　② 구경　③ 수다　④ 먹기　⑤ 마중

난이도 ★★★★

7. 운전면허증을 분실했을 때 재발급 해주는 곳은 어디일까?

① 구청　② 경찰서　③ 동사무소　④ 마트　⑤ 은행

난이도 ★★★

8. 야생 상태의 말은 어떤 자세로 잠을 잘까?

① 서서　② 누워서
③ 엎드려서　④ 무릎 꿇고
⑤ 앉은 자세에서 벽에 기대서

Quiz

난이도 ★★★★

9. '아라비안 나이트'에서 이야기가 시작할 때부터 끝날 때까지 소요된 시간은 얼마일까?

① 1,000일　② 1,001일　③ 999일　④ 90일　⑤ 30일

난이도 ★★★★★

10. 계좌 이체할 때 최소 금액은 얼마일까?

① 1원　② 100원　③ 10원　④ 5,000원　⑤ 10,000원

난이도 ★★★★★

11. 엉망으로 쓴 글씨를 '괴발개발'이라고 하는데, '괴'는 무엇일까?

난이도 ★★★

12. '풋사랑' '풋고추'에서 '풋'은 무엇을 뜻하는 말인가?

① 아직 덜 익은 ② 냄새 나는
③ 어리석은 ④ 개념없는
⑤ 우스운

난이도 ★★★★★

13. 다음 중 후진할 수 없는 동물은 무엇일까?

① 개미 ② 개 ③ 고양이 ④ 개구리 ⑤ 뱀

난이도 ★★★★★

14. 전자계산기로 아래 내용을 차례대로 누르면 나오는 숫자는 무엇일까?

6+4×2+25×34×2+1230 AC

① 0.1 ② 5 ③ 20 ④ 10 ⑤ 0

난이도 ★★

15. 신부의 집으로 함을 지고 가는 사람을 가리키는 말은 무엇일까?

① 함진아비 ② 들러리 ③ 싸울아비 ④ 허수아비 ⑤ 알바

Quiz

난이도 ★★

16. 콜렉트콜의 요금은 누가 부담하는 것일까?

① 전화 거는 사람
② 전화 받는 사람
③ 전화연결 해주는 사람
④ 아무나 돈 많은 사람
⑤ 무료

난이도 ★★★

17. '요절한 천재작가 이상'에서 '요절'의 뜻은 무엇일까?

① 젊어서 죽은
② 뛰어난
③ 잘 생긴
④ 랩을 잘한
⑤ 키가 작은

난이도 ★★★★★

18. 새해 첫날 인사들과 국민들이 보신각에 모여 보신각 종을 타종할 때, 몇 번 종을 칠까?

난이도 ★★★

19. '귀청 떨어진다'라고 할 때 귀청은 어느 부위를 말하는 것일까?

① 고막 ② 달팽이관 ③ 귓바퀴 ④ 귓밥 ⑤ 귓불

난이도 ★★★★★

20. 한국을 뜻하는 Korea는 고려에서 온 말이다. 그럼 중국을 뜻하는 China는 어디에서 온 말일까?

① 진 ② 초 ③ 청 ④ 만리장성 ⑤ 대륙

난이도 ★★★

21. '그는 몇 번의 권유에도 불구하고 (   )했다'에서, 간절히 사양함이라는 뜻을 지닌 (   )안에 들어 갈 알맞은 단어는 무엇일까?

① 거절 ② 고집 ③ 고사 ④ 수락 ⑤ 허락

난이도 ★★★

22. '어려운 문제를 (   ).' 다음 중 (   )안에 들어갈 알맞은 말은 무엇일까?

① 맞히다 ② 맞추다 ③ 마치다 ④ 맏치다 ⑤ 맏히다

Quiz

난이도 ★★★

23. '오늘부터 글피까지'라면 총 몇 일을 말하는 것일까?

① 1일 ② 3일 ③ 5일 ④ 2일 ⑤ 4일

난이도 ★★★

24. 다음 중 상대방의 남편을 높여주는 말은 어떤 것일까?

① 부군 ② 지아비 ③ 영감 ④ 서방님 ⑤ 도련님

난이도 ★★★★

25. 새엄마, 계모를 뜻하는 영어 단어는 (   )mother이다.
(   )에 들어갈 단어는 무엇일까?

① second ② step ③ stay ④ super ⑤ special

난이도 ★★★

26. 패스트 푸드점에서 파는 '프렌치 프라이'는 무엇으로 만든 음식일까?

① 감자 ② 계란 ③ 고구마 ④ 치즈 ⑤ 파리

난이도 ★★★

27. 평범한 사람을 뜻하는 말인 ( )남( )녀, 서로 자기 의견을 내세워 반박한다는 뜻인 ( )론( )박. 이 중 두 곳에 들어갈 단어는 무엇일까?

① 일 — 이 ② 훈 — 훈 ③ 선 — 선 ④ 갑 — 을 ⑤ 삼 — 사

난이도 ★★★

28. 전래동화 '해님달님'에서 호랑이가 썩은 동아줄을 타고 올라가다가 이 밭에 떨어져 빨갛게 물들었다고 하는데, 이 밭은 어디일까?

① 감자밭 ② 수수밭 ③ 메밀밭 ④ 갈대밭 ⑤ 토마토밭

난이도 ★★★★★

29. '참을 인(忍)자가 ( )이면 살인도 면한다. ( )리 길도 ( )걸음부터'에서 세 군데 ( )에 들어갈 숫자를 모두 합치면 몇일까?

① 1,003 ② 1,004 ③ 1,001 ④ 1,000 ⑤ 100

난이도 ★★★

30. 최초로 우주비행을 한 것은 인간이 아닌 이 동물이었다고 한다. 이 동물은 무엇일까?

① 개 ② 고양이 ③ 원숭이 ④ 드라곤 ⑤ 피카츄

Quiz

난이도 ★★★

31. 다음은 무엇의 이름일까?

천하대장군, 지하여장군, 지하대장군

① 장승 ② 솟대 ③ 장독대 ④ 위인 ⑤ 된장

난이도 ★★★

32. 남편의 형을 뭐라고 부를까?

① 아주머님 ② 아주버니 ③ 어이~ ④ 형님 ⑤ 형

난이도 ★★★

33. 푸른 풀을 의미하는 라틴어가 어원인 이것의 종류로는 자스민 라벤더 민트 등이 있다. 이것은 무엇일까?

난이도 ★★★★★

34. 한자로 20세를 약관, 60세를 환갑이라고 한다. 그럼 40세를 뭐라고 할까?

① 불옥　② 불혹　③ 불환　④ 희수　⑤ 진갑

난이도 ★★★★★

35. 옛날 조상들은 전염병이 돌면 귀신을 쫓아내기 위해 이것을 긁었는데, 이 소리를 귀신이 싫어 할 거라고 믿었다 한다. 잔소리를 할 때 비유하기도 하는 이것은 무엇일까?

① 밥그릇　② 신발　③ 유리창　④ 머리　⑤ 바가지

난이도 ★★★★★

36. '3,425원'을 한글로 쓴다면 어떻게 띄어쓸까?

① 삼천사백이십오 원　② 삼천 사백 이십 오 원
③ 삼천 사백 이신 오원　④ 삼천 사백이십 오원
⑤ 삼천 사백 이십오원

난이도 ★★★

37. 사람의 피부 중에서 주름이 가장 많은 곳은 어디일까?

① 입술　② 손바닥　③ 발바닥　④ 눈가　⑤ 엉덩이

Quiz

난이도 ★★★

38. 흔히 '백년지객' '백년손님'이라 불리우는 사람은 누구일까?

① 며느리 ② 사위 ③ 장인 ④ 올케 ⑤ 시누이

난이도 ★★★

39. 초밥을 먹을때 곁들이는 와사비의 순 우리말은 무엇일까?

① 겨자 ② 고추냉이 ③ 고추비 ④ 고추장 ⑤ 된장

난이도 ★★★★★

40. HDTV의 가로세로 비율은 얼마일까?

① 16 : 9 ② 6 : 4 ③ 10 : 5 ④ 1 : 10 ⑤ 2 : 4

난이도 ★★★★★

41. 우리나라 표준시와, 세계 표준시의 차이는 몇 시간일까?

①  9시간

②  8시간

③  7시간

④  6시간

난이도 ★★★★★

42. 흔히 날씨 예보를 듣다보면 영동지방과 영서지방이 나오는데, 영동지방과 영서지방을 나누는 기준은 어디일까?

① 추풍령 ② 대관령 ③ 낙동강 ④ 강변북로 ⑤ 한강

난이도 ★★★

43. 렌트카는 일반 자동차와 차별화를 하기 위해서 번호판에 이 낱말을 붙여야 한다. 이 낱말은 무엇일까?

① 빌 ② 누 ③ 가 ④ 남 ⑤ 허

난이도 ★★★★★

44. 계단이나 문 앞에 써 있는 문구 '발 밑을 조심하세요. watch your (   )' 중 괄호에 들어갈 낱말은?

① step ② feet ③ shoes ④ mind ⑤ Bal meet

난이도 ★★★★★

45. 마른 오징어를 먹다보면 껍데기에 흰 가루가 묻어있는 것을 확인할 수 있다. 이것은 무엇일까?

① 키토산 ② 타우린 ③ 분필가루 ④ 밀가루 ⑤ 곰팡이

해설

1 9~12인승 승용, 승합 차량은 6인 미만이 승차한 경우에는 제외되며, 위반시 승용차는 6만원 승합차는 7만원의 범칙금이 부과되며 벌점은 30점이 부과된다. 그러니 6명 꽉꽉 채워 탄 차가 아니라면 버스 전용차로를 이용하지 마라!

정답: ①번

2 비자(VISA)는 국가와 국가 사이의 입출국에 맞는 인물인지를 사전에 심사하여 이를 허가한 증명이다. 즉 '외국인의 입국허가에 대한 영사의 추천행위'를 뜻하는 말인데, 이 입국허가는 전적으로 입국 심사관이 하게 되어 있다. 참고로 비자 받기 어려운 나라중 하나였던 미국은 2008년 11월부터 비자면제 국가로 지정되었다. 대신 전자여권이여야만 하고, 관광 또는 목적이 분명해야 하며, 체류기간은 90일 이내여야 한다.

정답: ①번

3 참외는 재배방법과 지방에 따라 다양한 종류가 있는데, 금싸라기 참외는 가장 달고 맛이 좋기로 유명한 품종 중 하나이다. 88년 흥농종묘에서 개발한 이 품종은 안타깝게도 IMF때 외국의 종묘회사에 팔려서, 현재는 금싸라기 참외의 종자를 외국에서 사오고 있는 상태라고 한다.

정답: ②번

누구나 다 아는
상식을 당신만
모르고 있다면?

4 위의 세 사람의 공통점은 바로, 일기가 유명하다는 점이다. 먼저, 이순신은 '난중일기'로 유명하며 전쟁 중에 쓴 일기로 연도별로 총 7권이 있다 난중일기는 현재 현충사에 보관되어 있으며 구보 제 76호로 지정되어 있다. 그리고 안네의 일기는 자신에게 쓴 편지형식의 일기이며 '브릿지 존슨의 일기'는 2001년에 개봉한 영화로, 배우 르네 젤위거를 스타덤에 올려놓은 바로 그 영화이다.

정답: ①번

5 외국 주소의 경우를 잘 살펴보면 St.라는 글자를 자주 볼 수 있다. 이것은 거리를 뜻하는 street의 약자이다. 그리고 주소에서 자주 볼 수 있는 Bldg.는 빌딩(Building)의 약자이다.

정답: ①번

6 '마실'은 마을의 방언으로, 강원도 경상도 충청도 사투리이다. 밤마실 간다는 어른들이 주로 많이 쓰시는 말로, 밤에 옆 마을로 놀러 나간다는 뜻이다. 예전에는 지금처럼 TV나 인터넷이 활성화 되지 않아서 주로 밤에 할 일이 없으므로 어르신들이 밤마실을 다니셨다.

정답: ①번

해설

7 면허증을 잃어 버렸다면 바로 경찰서로 달려가자. 일단 경찰서에 가서 재발급 신청서를 작성하면 새로 면허증을 발급받는데 최대 20일 정도 소요된다. 또 면허시험장으로 바로 달려가면 그 자리에서 즉시 재발급 받을 수 있으니 참고하도록 하자.(신분증 지참은 기본센스임!)

정답: ②번

8 야생상태에서 말은 서서 잠을 잔다. 특히 말 같은 초식동물들은 대부분 서서 잠을 자는데, 이유는 맹수가 습격을 하면 빨리 피하기 위해서라고 한다. 안 잡아 먹히기 위해 잠도 서서 자야 하다니 매우 불쌍하다는 생각 금할 길이 없다.

정답: ①번

9 '아라비안 나이트 The Arabian Nights' Entertainment'는 '천일야화'라고도 불리는데, 천 일 밤 동안의 이야기를 뜻한다. 이것은 주요 이야기만 180여편, 거기에 100여 편의 짧은 이야기가 곁들여 있다. '천일야화'라고 해서 1,000일이라고 생각했다면 경기도 오산이다! 1,001일이다! 헷갈리지 말자!

정답: ②번

10 일반 은행 계좌 송금 1회 최소한도는 10원이다. 10원 송금할 일 있으면 부담 갖지 말고 송금하도록 하자. 하지만 수수료가 더 많이 나온다. 참고로 ATM 무통장 입금 1회 최소한도는 1,000원이다.

정답: ③번

11 '괴발개발'은 고양이의 발과 개의 발이라는 뜻으로 글씨를 되는 대로 아무렇게나 써 놓은 모양을 이르는 말이다. 고양이 발이 말랑말랑하니 얼마나 귀여운데, 이런 용어가 탄생 했는지는 모르겠지만… 아무튼 '괴발개발'은 마구 갈겨 쓴 글씨를 뜻하는 말이다. 간혹 개발개발로 잘 못 알고 있는 사람들이 있는데 정확하게 '괴발개발'이 맞다.

정답: ③번

12 '풋'은 일부 명사 앞에 붙어 '처음 나온' '덜익은'의 뜻을 더하는 접두사이다. 풋사랑은 아직 덜 성숙한 사랑, 풋사과는 덜 익은 사과, 풋고추는 덜 익은 고추를 뜻한다.

정답: ①번

13 뱀은 배 부분에는 수많은 비늘이 있는데 이 비늘이 뒤쪽방향으로 나 있어서 뒤쪽에서 앞으로 밀면서 전진하는 것이다. 그래서 뱀은 이 비늘의 방향 때문에 후진, 역방향 돌진을 할 수 없다. 뱀이 움직이는 모양을 자세히 보면 거의 S자에 가깝게 전진을 하는데 마디마디 마다 움츠렸다 폈다 하면서 전진하기 때문에 한꺼번에 일자로 쭉 나가지

해설

못하고 S자로 꿈틀거리며 전진하는 것이다. 혹시 뱀을 만나면 후진을 못하는 단점을 이용해 앞으로 뛰다가 역주행 해볼 것을 권장한다. 아마 후진을 못하는 뱀이 상당히 당황해 할 것이다.

정답: ⑤번

14 마지막에 있는 AC는 'ALL CLEAR' 라는 뜻으로 모두 지운다는 말이다. 즉, 계산된 모든 것을 지워 0이 되어버린다는 것이다. 당신, 열심히 앞의 숫자들 계산하고 있었다면 헛수고 한 것이다. AC의 무서운 능력을 알고 있었으면 좋았을것을…

정답: ⑤번

15 함진아비는 혼인 시 신랑집에서 신부집에 보내는 함을 지고 가는 사람을 일컫는 말로, 혼수아비라고도 한다. 결혼을 하기 전에, 신랑집에서 함 안에 폐물이나 예단 따위를 넣는데 이것을 주로 신랑의 친구나 친한 사람이 지고 신부집으로 들어가게 된다. 이때 중요한 함을 진 사람이 함진아비다. 얼굴에 오징어를 쓰고 집 앞에서 안 들어가겠다고 버티는 이가 바로 이 사람이다.

정답: ①번

16 콜렉트콜(callectcall)은 통화 요금을 수신자가 지불하는 통화방법으로, 그 통화는 교환국의 취급자가 수신자의 요금 지불 동의를 확인한 후에 연결하게 된다. 흔히 수신자부담 전화라고 부르는 것이 바로 이것이니 콜렉트콜로 전화가 오거든 얼른 핸드폰 밧데리를 빼버리길 바란다. 참고로, 콜렉트콜을 즐겨 이용하는 직업군으로는 군인이 있다.

정답: ②번

17 요절(夭折)은 '젊어서 일찍 죽다'를 뜻한다. 즉, '요절한 천재 작가 이상'은 젊은 나이에 죽은 작가라는 뜻이다. 천재작가 전혜린, 제임스딘, 배우 이은주 등… 천재성이 있는 사람들은 왜 요절을 하는지… 또 천재성이 없는 사람도 요절을 많이 하는데 단지 이슈화되지 않았을 것이다.

정답: ①번

18 보신각 종을 33번 타종하는 이유는 우리 조상들의 오랜 습관에서 온 것이다. 조선시대에는 성곽의 문을 열 때 33번의 종을 쳤으며 특히, 불교에서 33개의 숫자를 인간이 무병장수할 수 있는 숫자라고 여겨 불교의 우주관을 따라 33번 종을 치게 되었다. 매년 새해 첫날 아무 생각 없이 종치는 거 보지만 말고 몇 번 치는지 한번쯤 세어보도록 하자.

정답: ②번

19 귀청은 고막을 뜻하는 말로 귓구멍 안쪽에 있는 막으로 공기의 진동을 속귀 쪽으로 전달하여 들을 수 있게 해주는 역할을 한다. 참고로 고막은 영어로 tympanic membrane라고 한다. 어마어마하게 길고 어려운 단어다. 웬만해서는 쓸 일 없을 테니 그냥 이런 단어가 있다 정도만 알아두자.

정답: ①번

20 외국인들이 우리나라를 고려로 부르면서 Korea가 되었고 중국 역시 최초로 중국을 통일한 '진'나라를 부르면서 China가 되었다. 외국에서는 중국을 진, 지나라고 불렀다고 하는데 지나 Chi-na라고 부르던 것이 자연스럽게 China가 되었다고 한다.

정답: ①번

21 고사(苦辭)는 간절히 사양함이라는 뜻이다. 몇 번의 권유를 했지만 정말 피치못할 사정 또는 여러 생각으로 말미암아 부탁하건데 사양하겠다라는 뜻이다. 고사라는 단어에는 미안함이 간절히 곁들어 있으니 정중하게 거절할 때 이 단어를 사용해 보도록 하자!

정답: ③번

22 아마 많이 헷갈리고 틀리는 중 하나일 것이다. 흔히 '맞히다'와 '맞추다'를 헷갈려 하는데, 오늘 제대로 한 번 배워보도록 하자! 먼저, 이름이나 나이 등을 딱 알아보는 것은 '맞히다' 그리고 블록이나 물건의 줄을 딱 정렬하거나 보기 좋게 세우는 것을 '맞추다'라고 한다. 즉, '문제를 맞히다, 퍼즐을 맞추다' 이렇게 기억해두길 바란다.

정답: ①번

23 날을 세는 단위로는 오늘, 내일, 모레, 글피가 있다. 오늘에서 한 밤 자고 그 다음 날이 모레, 그 다음날이 글피가 된다. 1일(오늘) → 2일(내일) → 3일(모레) → 4일(글피). 즉, 오늘부터 글피까지는 총 4일이 되는 것이다.

정답: ⑤번

24 부군(夫君)은 남의 남편을 높여주는 말이다. 상대방의 남편을 신랑이나 남편 등으로 표현하기엔 무언가 민망함이 있을 때, 부군이라는 말을 쓰면 된다. '부군은 안녕하신지요'라고 하면 좀 어른스러워 보이긴 하지만 정중하고 예의있는 표현이니 기억해 두도록 하자!

정답: ①번

해설

25 새 엄마는 외계인이라는 킴 베신저 주연의 영화가 있었다. 그 영화의 원제는 'My Stepmother Is An Alien'이다.
즉 stepmother, stepmom은 계모를 뜻하는 말이다. 계부를 뜻하는 말은 stepfather이며 의붓자식을 뜻하는 말은 stepchild이다.

정답: ②번

26 흔히 패스트 푸드점에서 파는 감자튀김을 프렌치 프라이 라고 한다. 그렇다면 왜 감자튀김을 프렌치 프라이 라고 할까? 워낙 많은 '설'들이 있다, 프랑스식 튀김이라는 것과, 갓 나왔다는 뜻의 french와 감자튀김 기계이름인 fry이가 합쳐진 말이라는 등 많은 설이 있는데 어느 것이라고 딱 하나로 정의하기는 어렵다. 아무튼 프렌치 프라이는 '감자'로 만들었다.

정답: ①번

27 평범한 사람을 뜻하는 말인 갑남을녀, 서로 의견을 내세워 반박하다는 뜻의 갑론을박. 우리 조상들은 순서나 숫자를 셀 때, 12지간의 동물을 사용해 갑(甲), 을(乙), 병(丙), 정(丁), 무(戊), 기(己), 경(庚), 신(辛), 임(壬), 계(癸)를 사용했다. 그래서 모든 순서를 나열하거나 수를 세거나 하는 것들에 갑을병정 등을 사용하는 것이 자연스러웠는데, 그만큼 우리 조상에게는 친숙한 단위이다 보니 여기저기 빈번하게 사용하는 것이다.

정답: ④번

28 당신, 어렸을 때 분명히 읽었을 전래동화일텐데 기억하려나 모르겠다. 전래동화 '해님달님'에서 오누이를 괴롭히던 호랑이가 하늘에서 내려온 썩은 동아줄을 타고 올라가다가 수수밭에 떨어져 죽게 되었고, 원래 노란색이었던 수수밭이 이때부터 붉은 색으로 바뀌었다는 것이다. 지금 생각하니 애들이 보는 동화책치곤 꽤나 잔인한 것 같다.

정답: ②번

29 참을 인(忍)자가 (3)이면 살인도 면한다. (천)리 길도 (한)걸음부터. 즉, 3+1000+1=1,004이다. 재미있는 한글과 숫자놀이다.

정답: ②번

30 최초로 우주 비행을 한건 인간이 아니라 바로 개였다. 그 대단한 견의 이름은 라이카이며, 모스크바 빈민가를 떠돌아 다니던 중 과학자들에게 발탁되어, 온갖 수많은 훈련을 거쳐 최초로 우주비행에 오르는 영광을 누리게 되었다. 그러나 안타깝게도 라이카는 우주에 도착한지 5시간 만에 사망했다고 하는데 모스크바 우주정복 기념물에는 이 훌륭한 견, 라이카가 새겨져 있다고 한다.

정답: ①번

해설

31 옛날 우리 조상들은 마을 어귀에 천하대장군 지하여장군 지하대장군 같은 장승을 세워놓았다. 이것은 마을을 지키는 수호신 같은 것인데, 땅위와 지하까지 신처럼 모셔 마을의 안녕을 기원했다고 한다. 지금도 곳곳에 시골 마을 어귀에 한 두 개 정도 남아 있는 것을 볼 수 있다.

정답: ①번

32 아주버니는 남편과 학렬이 같은 가운데, 남편보다 나이가 많은 사람을 부르는 말이다. 보통 높임말을 쓸 때는 아주버님이라고 부르기도 한다. 참고로 남편의 형에게 '어이~'라고 불렀다간 관계가 매우 안 좋아질 수 있다.

정답: ②번

33 허브(herb)는 푸른 풀을 의미하는 라틴어 허바(herba)가 어원인데, 예전에는 진정 진통의 약초로 쓰이다가 현대에 와서는 비타민과 미네랄이 풍부해 음식이나 티로 많이 쓰이고 있다. 대표적인 허브로는 자스민, 라벤더, 민트, 로즈마리 등이 있다.

정답: ①번

34 나이를 한자로 표현할 때 40세는 불혹(不惑)이라고 한다. 이 밖에도 20세는 약관(弱冠), 60세는 환갑(還甲), 70세는 고희(古稀), 77세는 희수(喜壽), 88세는 미수(米壽), 99세는 백수(白壽)이다.

정답: ②번

35 옛날에는 콜레라같은 전염병이 돌면 이것은 귀신 때문이라고 생각했는데 대체방법으로 바가지를 긁어 시끄러운 소리를 내면 귀신이 도망가서 전염병도 사라진다고 믿었다고 한다. 그래서 매우 시끄러운 소리를 비유할 때 조상들은 바가지 긁는 소리라고 했는데, 잔소리를 이에 비유하는 것도 같은 이치이다.

정답: ⑤번

36 숫자를 한글로 옮길 때는 만 단위로 띄어쓰기를 하고 원 같은 단위는 띄어쓴다. 가령 '98,250'원은 '구만 팔천이백오십 원'이다. 문서 작성할 때 띄어쓰기 헷갈리거든 그냥 숫자로 써라.

정답: ①번

37 사람의 피부 중 주름이 가장 많은 곳은 바로 입술이다. 입술은 아주 미세한 주름으로 이루어진 근육 덩어리인데 이 주름은 말하거나 입을 벌리거나 할 때 자유자재로 쓰인다. 참고로 입술 다음으로 주름이 많은 곳은 바로 뇌다.

정답: ①번

해설

38 백년지객(百年之客)은 사위를 일컫는 말이다. 예전 가부장적인 제도에 살았던 어머니들은 딸을 잘 부탁한다는 의미로 사위를 잘 받들었다고 하는데, 그만큼 딸을 맡긴 어려운 관계로 사위를 생각했다고 한다. 요즘은 아들 하나 더 얻은 셈 치시면 된다. 사위를 어려워 할 거 뭐 있는가.

정답: ②번

39 정답은 고추냉이다. 겨자 아니다. 고추냉이는 겨자과에 속하는 여러해살이 풀인데, 이 풀은 톡 쏘는 맛이 강하여 식용으로 음식 첨가물로 쓰인다. 이 고추냉이가 바로 와사비의 순우리말이니 잘 기억하도록 하자.

정답: ②번

40 화질감이 좋아 밝고 선명하고 작은 티까지 보이는 HDTV의 가로세율 비율은 가로가 16, 세로가 9이다. 일반 TV인 4 : 3 비율로 맞췄다가는 피사체의 위아래가 모두 잘려나가 보이지 않으니 주의하도록 하자.

정답: ①번

41 이제부터 전문용어 난무하니 정신 집중하고 읽도록 해라! 우리나라 표준시는 동경 127도 30분으로 정해 사용하고 있는데, 세계 표준시는 영국의 그리니치 천문대를 기준으로 하고 있다. 이 둘 사이에 나는 각도에 따른 시간 차이는 9시간, 그러므로 우리나라는 세계 표준시 보다 9시간 빠르다고 한다.

정답: ①번

42 우리나라를 세분화할 때 영동지역과 영서 지역을 나누는 기준점은 바로 해발 832m의 대관령이다. 대관령을 기준으로 동쪽이 영동지방, 서쪽이 영서지방이 되며, 영동지방에는 강릉, 동해, 삼척, 속초, 등이 있고 영서지방에는 춘천, 원주, 화천 등이 있다.

정답: ②번

43 렌트카의 번호판에는 전용 글자인 '허'를 반드시 붙여야 한다. 이는 일반 차와 쉽게 구별을 하기 위해서인데 사고시 렌트카임을 빨리 알아야 처리가 가능하고 또 사고처리나 도난, 분실시 추적이 용이하기 때문에 별도의 번호판 글자를 가지는 것이다.

정답: ⑤번

44 영어 나왔다고 긴장하지 말고 따라 해보자. 지하철 안내문구에서도 들은 기초 영어 'watch your step!'이다. 발 조심하라. 주의해라. 이런 뜻이다. 지하철 탈 일 있으면 안내멘트를 유심히 들어보길 바란다.

정답: ①번

45 마른 오징어 껍데기에 묻어있는 하얀 가루는 타우린이다. 오징어를 말릴 때 몸 속에 있던 타우린이 몸 밖으로 나오면서 오징어 표면에 안착하게 되는 것이다. 타우린은 인체 세포활동을 조절하는 가장 중요한 물질로 노화방지에 효과가 있으니 적당히 먹길 권장한다.

정답: ②번

STEP
1
2
3

이 식물은 귀신도 좋아해서 제사상에 꼭 올리는 것으로 도라지, 시금치와 함께 삼색 나물로 꼽히는 이 나물의 이름은 무엇일까?

판타스틱 어른백서 007

아.. 뭐
조선시대도
아니고 그리
고지식하게..
불법이면
모를까
기호식품인데

뭐가 기호식품
이에요!!!
혼자 나가서
피란 말에요!
거기
독소가
얼마나
치명적인데!

아세톤!!
암모니아!!
아세닉!!
벤조피렌!
부탄!! 카드뮴!
카본 모노사이드!
일산화탄소!!
디디티!!!
그게 뭐에요?
애리조나 비빔밥
재료인가요?

아직 다
안끝났어요!!
포름알데히드에
메타놀에!!
으으..
머리가..
깨지겠네
아아악!!
이--
교양없는
인간들이!
어디서
간접
흡연을!!

당신 때문에
폐암 걸려 죽으면
책임질거야!!
앙?!!!!
아.. 자리..
피하고 싶다...
아
알겠어요
거 참..

아오 진짜..
이 세상에서
흡연자들은
다 징역을
먹여야 되는데

아, 뭐 범죄인도
아니고..
..이 여자..
참 피곤한
시대가 됐네

...시간 끌었군....
어쨌든..
다 피웠으니
꺼야지..

Quiz

난이도 ★★★

1. 다음 중 운동선수들의 수가 가장 많은 것은 무엇일까?

① 축구 ② 럭비 ③ 아이스하키 ④ 핸드볼 ⑤ 탁구

난이도 ★★★★

2. 라이트 형제는 비행기를 만들기 전에 이것을 만들었다고 한다, 이것은 무엇일까?

① 휠체어 ② 오토바이 ③ 자전거 ④ 기차 ⑤ 자동차

난이도 ★★★

3. 스승의 날인 5월 15일은 위인 누구의 탄생일일까?

난이도 ★★★★★

5. '5.2규모의 지진이 발생했다'는 기사에서 언급되는 지진의 단위는 무엇일까?

① 리터 ② 리히터 ③ 제곱미터 ④ 평방미터 ⑤ 센티미터

난이도 ★★★

4. 박경리의 소설 '김약국의 딸'에서 딸은 모두 몇 명일까?

① 1명 ② 2명 ③ 3명 ④ 5명 ⑤ 없다

난이도 ★★★★★

6. 패스트푸드나 인스턴트처럼 영양가에 비해 열량이 높은 음식을 뭐라고 할까? 영국에서는 어린이들이 이것을 먹는 것을 금하기 위해 TV 광고를 금지하기도 했다.

① 정크푸드 ② 그린푸드
③ 핫푸드 ④ 배드푸드
⑤ 쏘리푸드

난이도 ★★★

7. 최초의 메이저리거는 누구일까?

① 이승엽 ② 박찬호 ③ 김병헌 ④ 박지성 ⑤ 히딩크

Quiz

난이도 ★★★

8. '춘향전'에서 이몽룡이 춘향이게 건네 준 이별의 징표는 무엇일까?

① 거울 ② 주민등록증 ③ 반지 ④ 목걸이 ⑤ 마패

난이도 ★★★

9. 여럿이 식사를 해도 계산은 자기가 먹은 것을 따로 자신이 하는 계산 방식인 더치페이는 어느 나라에서 온 것일까?

① 도이칠란트 ② 독일 ③ 네덜란드 ④ 미국 ⑤ 중국

난이도 ★★★★★

10. 이것은 18세기 멕시코 지방의 원주민들이 처음 씹기 시작했다. 사포딜라의 껍질을 자를 때 나오는 수액인 이것은 무엇일까?

① 껌 ② 젤리 ③ 카라멜 ④ 사탕 ⑤ 종이

난이도 ★★★★★

11. 독일어인 'ich liebe dich(이히리베디히)'는 무슨 뜻일까?

① 사랑합니다. ② 안녕하세요.
③ 미안합니다. ④ 보고 싶습니다.
⑤ 이히히히히

난이도 ★★★★★

12. 조선의 마지막 왕은 누구일까?

① 고종 ② 순종 ③ 중종 ④ 영종 ⑤ 헌종

난이도 ★★★★

13. '사랑은 미안하다는 말을 하지 않는것'이라는 대사로 유명한 영화 제목은 무엇일까?

① 로미오와 줄리엣
② 러브 스토리
③ 스타워즈
④ 수퍼맨
⑤ 배트맨

난이도 ★★★★★

14. 'ㅋ'은 '키읔'이라고 읽는다. 그럼 'ㅌ'은 어떻게 읽을까?

Quiz

난이도 ★★★

15. 국립국어원이 '파이팅(fighting)'을 우리말로 순화했다. 다음 중 어떤 말일까?

① 아싸 ② 아자 ③ 얼쑤 ④ 으샤 ⑤ 야

난이도 ★★★★★

16. 로마숫자로 된 시계를 보면 Ⅰ는 한 시, Ⅴ는 다섯 시를 가리킨다. 그럼 열 시는 어떤 기호일까?

① Ⅹ ② Ⅵ ③ Ⅸ ④ 10 ⑤ +

난이도 ★★★

17. '가장 높이 나는 새가 가장 멀리 본다'라는 말은 '(　　　)의 꿈'이라는 책에 등장하는 명언이다. (　　　)에 들어갈 새는 어떤 새일까?

① 독수리 ② 비둘기 ③ 제비 ④ 닭 ⑤ 갈매기

난이도 ★★★

18. 1900년대 독일에서 유래한 것으로 청소년들에게 안전하고 저렴한 가격으로 잠자리를 제공하는 비영리 회원제 숙박시설을 뭐라고 할까?

① 유스호스텔 ② 콘도 ③ 펜션 ④ 모텔 ⑤ 호텔

난이도 ★★★★★

19. 흔히 재학생을 YB, 졸업생을 OB라고 한다. 그렇다면 OB의 뜻은 무엇일까?

① OLA BOY ② OIL BOY
③ OK BOY ④ OLD BOY
⑤ OH BOY

난이도 ★★★★★

20. 세계 최초의 지하철이 생긴 나라는 어디일까?

① 미국 ② 프랑스 ③ 영국 ④ 인도 ⑤ 중국

난이도 ★★★

21. 국제 전화를 할때 우리나라의 국가 번호는 몇 번일까?

① 81 ② 82 ③ 070 ④ 001 ⑤ 002

난이도 ★★★★

22. 렌터카를 빌릴 때 운전 경력이 몇 년 이상이어야 렌트가 가능 할까?

① 1년 ② 2년 ③ 3년 ④ 4년 ⑤ 5년

Quiz

난이도 ★★★★★

23. 현재 독도를 지키고 있는 임무를 수행하고 있는 사람은 누구일까?

① 군인 ② 경찰 ③ 집배원 ④ 경비아저씨 ⑤ 수퍼 아줌마

난이도 ★★

24. 동태는 이 생선을 얼려서 말린 것이고, 북어는 이 생선을 그냥 말린 것이다. 이 생선을 무엇일까?

① 명태 ② 복어 ③ 고등어 ④ 갈치 ⑤ 오징어

난이도 ★★★★★

25. 이 식물은 귀신도 좋아해서 제사상에 꼭 올리는 것으로 도라지, 시금치와 함께 삼색 나물로 꼽히는 이 나물의 이름은 무엇일까?

난이도 ★★★★

26. 세 명의 경쟁주자를 일으키는 말인 이것은 원래 세필의 말을 끄는 러시아 전통 마차에서 따온 이름이라고 한다. '송혜교, 한예슬, 전지현 이 셋은 TV 광고를 이끄는 (　　　　)이다'라고 표현할 때, 들어갈 말은 무엇일까?

① 트로이카　② 트리오　③ 콤비　④ 단짝　⑤ 여자들

난이도 ★★★★

27. 현재 우리나라 대통령 선거에 출마할 수 있는 최소의 나이는 몇 세 이상일까?

① 40세　② 35세　③ 30세　④ 25세　⑤ 18세

난이도 ★★★★★

28. 흔히 3~40대 미혼여성을 뜻하는 말로, 학력이 높거나 경제력이 높은 여성을 뜻하는 말로 (　　　　)미스라고 한다. 이것은 무엇일까?

① 옥　② 실버　③ 다이아몬드　④ 큐빅　⑤ 골드

Quiz

난이도 ★★★

29. 사자성어 '오합지졸' '오비이락'에 공통으로 들어가는 새의 이름은 무엇일까?

① 비둘기 ② 까치 ③ 독수리 ④ 불사조 ⑤ 까마귀

난이도 ★★★★★

30. 이 악기의 떨림 소리는 사람의 성대 울림 소리와 가장 비슷하다고 한다. 현악기 중에서 콘트라베이스 다음으로 큰 이 악기의 이름은 무엇일까?

① 바이올린 ② 첼로 ③ 콘트라베이스 ④ 가야금 ④ 거문고

난이도 ★★★

31. 미국의 대중음악 차트인 '빌보드 차트'가 있다. 그렇다면 일본의 대표적인 대중음악 차트는 무엇일까?

난이도 ★★★

32. 노래 제목도 있는 낭랑 18세에서, 낭랑은 무슨 뜻일까?

① 맑고 또랑하다. ② 예쁘다.
③ 어리다. ④ 중국사람이다.
⑤ 여자다.

난이도 ★★★★

33. 한국의 전통극은 탈춤, 판소리이다. 일본의 전통극을 뭐라고 할까?

① 가부키 ② 쇼부 ③ 사극 ④ 비보잉 ⑤ 스메키리

난이도 ★★★

34. 까페오레는 커피에 이것을 넣은 것인데, 이것은 무엇일까?

① 아이스크림 ② 우유 ③ 치즈 ④ 설탕 ⑤ 소금

난이도 ★★★★★

35. 다음 중 우리 나라에 실제로 존재하는 정규 고등학교는 무엇일까?

① 스키 고등학교 ② 수영 고등학교
③ 골프 고등학교 ④ 알까기 고등학교
⑤ 이종격투기 고등학교

Quiz

난이도 ★★★★

36. 동화 '알라딘과 요술램프'에 나오는 알라딘은 어느 나라 아이일까?

① 인도 ② 중국 ③ 미국 ④ 한국 ⑤ 일본

난이도 ★★★★★

37. 국어사전에 표준어란 '교양있는 사람들이 두루 쓰는 현대 ( ) 말' 이라고 되어 있다. 이곳은 어디 일까?

① 서울 ② 평양 ③ 한양 ④ 개성 ⑤ 뉴욕

난이도 ★★★

38. 찌개백반, 불고기백반에서 '백반'은 무엇을 말하는 것일까?

① 흰 밥 ② 된장국 ③ 음식 ④ 백 가지 반찬 ④ 흰 소금

난이도 ★★★★★

39. 와인을 만드는 사람을 뭐라고 하나?

① 바텐더 ② 바리스타
③ 소믈리에 ④ 와이너
⑤ 소말리아

난이도 ★★★★★

40. 다음 중 옥스퍼드 영어 사전에 수록되어 있는 우리말은 무엇일까?

① 막걸리 ② 소주 ③ 맥주 ④ 폭탄주 ⑤ 소맥

난이도 ★★★

41. 경기 이외에 공연을 만들어 관객을 위한 별도의 쇼로, 뮤지컬에서 하이라이트만을 보여주는 이 쇼를 뭐라고 하나?

① 갈라쇼 ② 빅쇼 ③ 테마쇼 ④ 달인쇼 ⑤ 컬투쇼

난이도 ★★★★★

42. 머리를 깎는 기구인 '바리캉'은 어느 나라 말일까?

Quiz

난이도 ★★★★★

43. 다음 중 국제 대회가 있는 것은 무엇일까?

① 줄넘기 ② 블루마블
③ 알까기 ④ 테트리스
⑤ 땅따먹기

난이도 ★★★★

44. 모니터 108개를 연결해 '108 번뇌'라는 작품을 만든 비디오 아티스트는 누구일까?

① 백남준 ② 백남훈 ③ 백남신 ④ 백범신 ④ 백남봉

난이도 ★★★★

45. 우리나라 자동차 관리법상 오토바이 번호판의 바탕 색깔은 무엇일까?

① 초록색 ② 노란색 ③ 흰색 ④ 형광색 ⑤ 핑크색

해설

1 럭비는 15명, 축구는 11명, 아이스하키는 6명, 핸드볼은 7명, 탁구는 단식은 2명 복식은 4명이다.

정답: ②번

2 라이트 형제는 비행기를 만든 사람들로 유명한데 사실은 비행기 이전에 이들은 자전거를 만들었다. 비행기를 만든 1908년보다 몇 년 전인 1883년에 이들은 수공 자전거를 만들어 판매를 했는데, 이후 과학적 호기심과 탐구심으로 비행기를 만드는데 이른 것이라고 한다.

정답: ③번

3 스승의 날은 처음 1958년 충남 강경고 청소년적십자 단원들이 은사들을 위문한데서 유래됐으나 이후 1965년부터는 세종대왕의 탄생일인 5월 15일을 스승의 날로 정했다.(1973년에는 잠시 폐지했지만 1982년에 다시 부활 했다) 한글을 창제한 세종대왕의 뜻을 이어 세종대왕의 탄생일을 스승의 날로 지정했다는 사실을 알아두도록 하자!

정답: ①번

4 지진의 진도를 측정하는 단위인 리히터는 1935년 미국의 지진학자 C.F 리히터가 개발하였다. 지진 기록의 최대 진폭과 진원에서의 거리를 이용하여 계산한 것인데, 전세계적으로 사용되고 있으며 2에서 9미만의 숫자로 지진의 크기를 관측할 수 있다고 한다.

정답: ②번

5 당신, 대학 입시 준비할 때 이 소설 읽어봤으리라 믿는다. 박경리의 소설 '김약국의 딸들'은 통영을 배경으로 김약국(성수)의 어린시절과 그의 다섯 딸들의 비극적인 삶을 이야기한 소설이다. 불륜을 의심받은 어머니가 자살하고 의심의 기미를 준 남자가 피살된 주인공 집안 내력을 말하면서 소설이 시작된다. 김약국의 딸들은 총 5명이다.

정답: ④번

6 정크푸드(JUNK FOOD)은 열량은 높지만 영양가는 낮은 패스트푸드, 인스턴트 식품의 총칭이다. 영양섭취가 절실한 어린이들의 정크푸드 섭취를 막기 위해 최근 여러 나라에서는 정크푸드에 대한 광고를 금하고 있다고 한다.

정답: ①번

7 한국 최초의 메이저리거 선수는 야구선수 박찬호 선수다. 박찬호 선수는 대학교 2학년인 1994년 LA 다저스에 입단해 외국인 선수 최초로 빅리그에 진출해 96년부터는 풀타임 빅리그 선수로 출전하게 된다. 메이저리그 통산 120승 95패 방어율 4점대를 기록하며 현재도(2010) 나이스한 투수로 인정받고 있는 자랑스런 선수이다.

정답: ②번

해설

8 '춘향전'에서 이도령은 멀리 길을 떠나면서 춘향이에게 기다려 달라며 거울을 사랑의 징표로 건네주고, 춘향이는 반지를 이도령에게 주며 이별을 하였다. 거울은 오래 전부터 우리조상들에게 사랑의 징표, 혼인할 때 주는 물건 등으로 꽤나 소중한 물건으로 전해져 오고 있다.

정답: ①번

9 함께 음식을 먹고도 계산은 자기가 먹은 것을 각각 따로따로 하는 것을 더치페이라고 하는데, 이 말은 '더치 트리트(Dutch treat)'에서 유래한 말이다. 더치(Dutch)란 '네덜란드의' 또는 '네덜란드 사람'을 뜻한다. 발음이 비슷하다고 해서 도이칠란트(독일)라고 생각해서는 곤란하다.

정답: ③번

10 껌(gum)은 추잉껌(chewing gum)이라고도 하는데, 18세기 멕시코 원주민들이 사포딜라 껍질에서 나오는 수액을 뭉쳐 씹기 시작한 것이 껌이 된 것이다. 참고로 이 수액에는 치클이라는 성분이 포함되어 있는데 요즘은 경제성의 이유로 치클 대신에 고무를 사용한다고 한다.

정답: ①번

11 독일어 ich liebe dich는 '당신을 사랑합니다.'라는 뜻이다. 신승훈의 '보이지 않는 사랑'에도 간주 부분에도 살짝 나오지 않는가. 일본어로는 '아이시떼루', 프랑스어로는 '주뗌므', 이태리어 '띠아모'. 전라도에서는 '아따 거시기허요', 경상도에서는 '내 아를 나아도'이다.

정답: ①번

12 학교 다닐 때 국사시간에 외웠던 기억을 꺼내보도록 하자. 태정태세문단세-예성연중인명선-광인효현숙경영-정순헌철고순. 자, 이제 기억이 좀 나는가? 조선의 마지막 왕은 순종이다. 순종(1874~1926)은 조선 27대 왕이자 최후의 왕, 고종의 둘째 아들이다. 참고로 어머니는 명성황후이다.

정답: ②번

13 영화 러브스토리(LOVE STORY)는 1970년 아더 힐러 감독의 작품으로 알리맥그로우와 라이언 오닐, 존 마리가 열연한 러브스토리의 고전이라고 해도 과언이 아닌 작품이다. 특히 눈싸움씬과 여주인공이 병으로 먼저 죽기 전 미안하다고 하자 남자주인공이 '사랑은 미안하다고 말하지 않는 것'이라고 말하는 대목에서 이 대사가 화제가 되었고, 지금도 사랑에 관한 명언으로 전해 오고 있다.

정답: ②번

해설

14 'ㅌ'은 '티읕'이라고 읽는다. ㅋ은 키읔, ㅌ은 티읕, ㅍ은 피읖, ㅎ은 히읗. 공통점은? 바로 으 발음에 해당되는 자음이 받침으로 들어간다는 것이다. 밑줄 쫙쫙!

정답: ①번

15 국립국어원에서는 현재까지도 외국어를 우리말로 다듬는 작업을 하고 있는데 흔히 자주 쓰이고 있는 '파이팅'을 대처할 말로 우리말인 '아자'를 내놓았다.(뭔가 좀… 느낌이 애매하다) 이 밖에도 국립국어원에서는 리플은 댓글, 이모티콘은 그림말로 순화할 것을 권장하고 있다.

정답: ②번

16 그리스 로마숫자기호는 13세기경에 쓰인 숫자 기호인데 1, 2, 3, 4,~~~ 에 따라 Ⅰ, Ⅱ, Ⅲ, Ⅳ, Ⅴ, Ⅵ, Ⅶ, Ⅷ, Ⅸ, Ⅹ으로 쓰인다. 기원은 정확하지는 않으나, Ⅰ, Ⅱ, Ⅲ은 막대기의 개수, Ⅴ는 손을 폈을 때 엄지손가락과 집게손가락이 이루는 모양, Ⅹ은 막대기 10개 묶은 모양에서 왔다고 추정하고 있다.

정답: ①번

17 '갈매기의 꿈'은 1970년에 미국에서 발표된 소설로, 갈매기 조너던 리빙스턴의 일생을 우화형식으로 만들어낸 소설이다. 주인공 조너던 리빙스턴은 단지 먹이를 구하기 위해 하늘을 나는 다른 갈매기들과는 달리 비행 그 자체를 사랑하는 센스있는 갈매기다. 이 소설에서 '가장 높이 나는 새가 가장 멀리 본다'라는 대사는 명언 중의 명언으로 꼽히고 있다.

정답: ⑤번

18 유스호스텔(youth hostel)은 1900년대 초 독일의 W. 마이넨이 청소년들의 활동의 하나로 만들었다. 청소년이 자연과 친숙해지고 건전한 야외활동을 갖게 하기 위해 비영적인 숙박시설을 만든 것이다. 현재 우리나라에도 몇 군데 유스호스텔들이 있고, 인터넷으로도 예약할 수 있다.

정답: ①번

19 재학생은 뜻하는 YB는 YOUNG BOY, 졸업생을 뜻하는 OB는 OLD BOY를 뜻하는 말이다. 이것은 단순히 재학생과 졸업생의 구분뿐 아니라 선배-후배 관계, 그리고 현역-은퇴자의 의미로도 넓게 쓰인다. 간혹 예능 프로그램에서 연예인들이 OB팀과 YB팀으로 나누어 경기하곤 한다.

정답: ④번

해설

20 세계 최초로 지하철이 생긴 나라는 영국 런던이다. 그 이름은 튜브(TUBE)인데, 우리나라의 지하철에 비해 크기가 매우 작고 아담하다고 한다. 천장의 높이도 낮고 다리를 쭉 뻗으면 반대쪽에 닿을 정도라고 하는데(물론 키가 큰 사람에 한하여!) 어찌됐든, 세계에서 처음으로 지하로 다닐 생각을 한 영국인들 정말 대단하다!

정답: ③번

21 서울이 02, 경기 031, 대전 042 지역번호가 있듯이 국제 전화를 할 때도 나라마다 국가 번호가 있다는 것을 다 알고 있을 것이다. 우리나라는 82번, 일본은 81번, 미국은 1번, 중국은 86번 이다.

정답: ②번

22 렌터카를 빌릴 수 있는 자격요건으로는 운전면허 취득 후 1년, 만 21세 이상이 기준이다. 참고로 12인승 승합차의 경우에는 운전 면허 취득 3년 이상 이어야 한다.

정답: ①번

23 현재 독도를 지키고 있는 독도 수비대는 '전투경찰'로 이루어진 부대이다. 국토 분쟁과 국제적인 여러가지 문제로 정부의 개입 하에, 국군에서 경찰로 임무가 전환되어 현재 독도에는 독도주민들과 독도수비대가 독도를 지키고 있다. 참으로 외로운 직업이기도 하면서 위대한 직업이기도 한 독도수비대 여러분들의 건투를 빌며…

정답: ②번

24 동태는 동명태(凍明太)라고도 하는데, 명태를 겨울에 잡아 얼리거나 급속 냉동시킨 것을 말하고, 북어는 건명태라고도 하는데, 그냥 명태를 말린 것이다. 동태, 명태, 북어의 상관관계나 촌수에 대해 헷갈리는 분들이 있을텐데 이 기회에 확실하게 알아두도록 하자. 당신이 해장용으로 먹는 시원한 북어국은 말린 명태를 불려서 끓인 국이다.

정답: ①번

25 주로 명절이나, 제사상에 올리는 삼색 나물이라 하면 시금치, 고사리, 도라지를 지칭하곤 한다. 고사리는 이른봄에 뿌리 줄기에서 싹이 돋아 나며 꼭대기가 꼬불꼬불하게 말려있는 고사릿과의 여러해살이 풀인데 어린 잎을 우리가 식용으로 먹고 있는 것이다.

정답: ③번

해설

26 트로이카(TROIKA)는 3을 의미하는 러시아어이다. 원래는 삼두마차를 뜻하는 말이었는데 시간이 흐르면서 '3'을 지칭하는 대표적인 의미로 변하게 된 것이다. 소녀시대, 원더걸스, 카라 10대 아이돌 여자 그룹 트로이카 이런 식으로 사용해주면 된다.

정답: ①번

27 현재 대통령으로 입후보 할 수 있는 자격은 선거일 현재 5년 이상 국내에 거주하고 있는 나이 40세 이상인 사람으로 정하고 있다.(혹시 18살이나 25살을 답으로 고른 사람 있는가? 솔직히 18살이나 25살은 너무 어리잖아~) 아무튼 대통령 선거에 아무나 나가는게 아니라, 나름의 규정이 있다.

정답: ①번

28 골드미스는 GOLD + MISS가 합쳐진 말로, 그 유래와 의미가 모호한 정체불명의 단어이다. 현재 3~40대 학력이 높거나 직업이 좋거나 경제력이 높은 미혼여성을 지칭하는 단어로 사용되고 있는데, 현재 전문직 여성들이 많이 늘면서 골드미스가 늘어가고 있다고 한다. 참고로 비슷한 말로 영어권에서는 알파걸이라고도 한다.

정답: ⑤번

29 사자성어 오합지졸(烏合之卒)은 까마귀 떼처럼 통제 안 되는 무리를 뜻하고 오비이락(烏飛梨落)은 까마귀 날자 배 떨어진다라는 속담을 뜻하는 사자성어이다. 아무 관계 없이 한 일이 우연히 동시에 일어나서 다른 일과 관계된 것처럼 혐의를 받게 되는 것을 비유하는 말이다. 우리 까마귀 군이 사자성어에 자주 등장하고 있다.

정답: ⑤번

30 첼로(CELLO)는 비올론첼로(VIOLONCELLO)의 약칭으로 바이올린, 비올라, 콘트라 베이스와 함께 바이올린 족에 속하는 현악기이다. 잘 모르겠으면 그냥 바이올린과 비슷하게 생긴 악기려니 해라. 참고로 첼로를 연주하는 사람은 '첼로리스트'가 아니라 '첼리스트'다. 알아두도록 하자!

정답: ②번

31 오리콘 차트는 일본의 대중음악 순위를 말하는 것인데, 순위는 대부분 음반 판매 순위로 정한다. 최근에는 우리나라 가수들도 오리콘 차트에 많이 오르는 기쁜 일들이 벌어지고 있다. 그 대표적인 예로 보아, 동방신기, 박용하, 류시원 등이 있다.

정답: ②번

32 낭랑(朗朗)은 낭랑하다의 어근으로 맑고 또랑하다, 밝다는 뜻이다. 즉 낭랑 18세란, 맑고 또랑하고 밝은 나이 18세를 일컫는 말이다.

정답: ①번

33 가부키는 약 400여 년 전부터 이어져 온 일본의 전통극이다. 얼굴에 하얀 분장을 하고 전통의상을 입고 전통 무용과 소리를 내어 하나의 극을 만드는 것인데, 특히 여장을 한 남자 배우의 연기가 백미라고 한다. 어떤 분장이냐고? 네이버에서 검색해보길 바란다. 바로 이미지 나오니까…

정답: ①번

34 까페오레(cafe'a lait)는 프랑스식 모닝커피를 말하는 것인데, 커피에 우유를 넣은 것이다. 보통 에스프레소 같은 진한 커피를 즐기는 유럽사람들도 아침에는 위의 부담을 덜기 위해 우유를 넣어 마셨다고 한다. 까페오레라고 하니깐 뭔가 좀 있어 보이는데 쉽게 말하면 그냥 밀크커피다.

정답: ②번

35 전라남도 함평군 함평읍 내교리에 함평골프고등학교가 있다. 1929년 공립농잠실수학교로 개교했으나, 이후 2002년 함평골프고등학교로 개명한 후, 현재는 골프부와 레슬링부를 집중 육성하는 고

등학교로 운영되고 있다. 스키고등학교, 수영고등학교, 알까기 고등학교, 이종격투기 고등학교 이런 학교는 없다!

정답: ③번

36 알라딘과 요술램프의 원문 중에는, '중국의 가난한 소년 알라딘이 요술의 힘을 가진 램프를 손에 넣고…'라는 내용이 담겨져 있다. 다들 몰랐을 것이다. 알라딘은 대륙의 소년이었다는 것을…

정답: ②번

37 표준어는 한 나라에서 공영어로 쓰는 규범으로서의 언어, 의사소통의 불편을 덜기 위해 전 국민이 공통적으로 쓸 공용어 자격을 부여 받은 말인데, 우리나라에서는 교양있는 사람들이 두루 쓰는 현대 서울말로 정의하고 있다.

정답: ①번

38 백반(白飯)은 흰 밥을 뜻한다. 한자보면 알겠지? '흰 백'자에 '밥 반'자다. 즉 찌개백반이라고 하면 찌개에 흰 밥이 불고기백반이라고 하면 불고기에 흰 밥이 나온다는 말이다. 그래도 백반집 가서 흰 밥이 아니라 콩밥이나 오곡밥 나왔다고 밥상 엎으면서 행패 부리진 말자.

정답: ①번

해설

39 와인을 만드는 사람을 소믈리에(sommellerie, 프랑스어)라고 한다. 유럽에서는 식품보관을 담당하는 사람을 솜(somme)이라고 했는데, 여기서 유래된 말이다. 참고로 칵테일 만드는 사람은 바텐더, 커피 만드는 사람은 바리스타다.

정답: ③번

40 세계에서 가장 많은 어휘를 담고 있는 옥스퍼스 영어사전에는 당당히 우리말이 등록되어 있다. 막걸리뿐 아니라, 온돌, 태권도, 김치, 양반, 기생 등 10여 개의 한국어가 등록되어 있다고 한다.

정답: ①번

41 갈라쇼(gala show)는 축하하여 벌이는 큰 오락 행사를 뜻하는 말인데, 예를 들어 피겨스케이트 선수 김연아 선수가 본 경기 외에 관객을 위한 별도의 쇼를 여는 것을 '갈라쇼'라고 한다.

정답: ①번

42 좀 애매한 단어다 싶으면 다 일본말인줄 아는 사람들이 많은데 머리털을 깎는 금속 도구인 바리캉은 프랑스 말이다. 이 명칭은 이발기계가 처음으로 한국에 들어올 때 프랑스의 '바리캉 마르(Bariquand et Mare)'라고 하는 회사의 제품이 들어왔기 때문에 그 회사명이 계속 이어져 쓰인 것이다.

정답: ④번

43 줄넘기는 현재 세계 줄넘기 선수권 대회인 국제대회가 있다. 뿐만 아니라 아시아 선수권 대회도 존재하는 그야말로 세계인의 스포츠인 셈이다. 참고로 한게임에서 서비스하는 게임 '테트리스'는 전세계인들에게 사랑받는 국민게임이지만 아직까지 국제 공인대회는 없다.

정답: ①번

44 비디오 아티스트 백남준은 2006년 타임지 선정 아시아의 영웅으로 꼽힐만큼 전세계적으로 유명한 비디오 아티스트이다. 그는 주로 모니터를 연결하거나 색깔 영상으로 예술을 승화시켰는데, 세계에 한국을 알리고, 독특한 예술 세계를 알린 천재 아티스트로 기억되고 있다. 참고로 세계적인 비디오 아티스트 백남준은 2006년 1월 29일 별세하였다.

정답: ①번

45 자동차 관리법에 따르면 50cc이상 이륜차는 행정기관에 등록한 후 번호판을 부착해 운행해야 한다. 그리고 오토바이의 번호판은 흰색으로 규정짓고 있다. 형광색, 핑크색, 초록색, 노란색 다 아니다. 흰색이다.

정답: ③번

유영욱 〈판타스틱 어른백서〉 게임기획, 프로듀싱

어른으로서 갖추어야 할 지성과 소양을 게임을 통해 알려주겠다는 취지 하에 〈판타스틱 어른백서〉 게임을 기획하게 되었습니다. 프로젝트가 진행되면서 건전하고 바람직했던 애초의 취지는 '그래, 당신이 얼마나 어른스러운지 어디 한번 테스트를 해보자'라는 시건방진 자세로 진화를 거듭하게 되었지만 폭주하는 기획에도 불구하고 꽤나 멀쩡한 모양새로 게임이 나오게 되어 참으로 다행이라고 생각하고 있습니다.

삐딱한 기획자와는 달리 삐딱하지 않은, 너무나 좋은 내용으로 〈판타스틱 어른백서〉의 문제를 집필해주신 작가님들, 그리고 삐딱한 코드에 맞게 삐딱한 일러스트와 삐딱한 만화를 멋지게 그려준 삐딱한 만화작가님, 로또에 노후를 의지하고 있는 우리 NHN 기능성게임연구소 가족들, 그 외 게임 개발에 참여하신 모든 '생활의 게임' 프로젝트 멤버들 고생 많으셨습니다. 다들 만렙하세요.

김정현 〈판타스틱 어른백서〉 게임기획

어른이 되는 데 있어서 많은 지식들이 필요하지만 대한민국에서 어른으로 '생활'하기 위한 필수 요소는 매너, 상식, 재테크, 연애, 이 4가지 요소인 것 같습니다. 나이는 어른이지만 그런 요소들에 대해 무신경한 저였기에 작업 초기 콘셉트기획서를 받을 당시 저에게도 유익한 작업이 될 것이라고 생각하였고 실제로도 재미있게 작업하고 기획하였습니다. 이 게임(문제들)이 제게 도움이 많이 되었던 것만큼, 전문가들이 출제한 4가지 분야의 정보가 많은 분들께 깨알 같은 지식이 되었으면 좋겠습니다.

성영환 〈판타스틱 어른백서〉 서비스기획

아무 생각 없이 스트레스를 풀 수 있는 게임은 많지만 게임 플레이를 하고 나서 '오늘 새로 하나 배웠네' '남는 게 있네' 할 수 있는 게임, 회사원들이 점심 시간, 쉬는 시간을 알차게 보낼 수 있는 게임이 없을까 하는 고민에서 출발하여 장고의 노력 끝에 많은 분들 앞에 선보일 수 있었습니다. 몇 백 문제씩 분담하여 문구, 오답, 오타 검수하고, 오픈 직전까지 게임 타이틀을 정하지 못해 거듭 회의하고, 개발 중간중간 발생한 이슈에 식겁하고, 게임 오픈 후 떨리는 마음으로 사용자 반응을 살펴보던 기억들이 새록새록 하네요.

이렇게 책이라는 매체로도 〈판타스틱 어른백서〉의 알찬 내용을 전달할 수 있게 되어 너무나 기쁩니다. 책과 함께 네이버 '생활의 게임'을 통해 남는 시간 짬짬이, 알차게 보내시기 바랍니다. (Special Thanks to 절세 가인 권미진, 김천식 PJM, 조영남 팀장님, 개발의 고수 김남경, 양현규, 그리고 많은 담당자 분들~)

김창우 NHN 기능성게임연구소 소장

모니터를 통해 보던 네이버 '생활의 게임' 〈판타스틱 어른백서〉가 이제 종이 냄새를 풍기며 나온다니 기분이 묘하네요. 시작은 미약하나 끝은 창대하다는 말처럼 일의 규모와 양이 늘어나긴 했지만 만들면서 고생하신 모든 분들께 다시 한번 수고하셨다는 말씀을 드리고 싶네요.

이 책은 늘 곁에 두고 심심풀이 땅콩같이 조금씩 읽으면, 인생에 도움이 되는 날이 올 것이니 냄비 받침으로라도 오래오래 소장해 주세요! 그리고 조금이라도 궁금한 점은 검색을 통해서 지식을 늘리시기 바랍니다.

출판 관계자 및 개발에 참여한 모든 분들께 감사드리며, 부모님과 아내, 사랑하는 땡글이도 이름을 살짝 올려봅니다. 모두들 사랑해요!